부모와 학생이 함께하는
수험생 축복 기도문

송미경 · 박혜민

글을 통해 상처 입은 영혼을 만지고 치유하는 비전을 품고 살아가는 평신도이다. 글로써 하나님의 일을 하는 것을 오직 삶의 푯대로 삼아 하나님께 쓰임 받기를 소망하는 저자는 하나님 나라의 확장과 그의 의를 위해 부르심의 소망을 따라 걸음을 옮기며 살아가고 있다.
저서로는 『치유심방기도문』 등이 있다.

박예원

하나님이 주신 축복의 열매로 사랑스런 두 딸과 아들 하나를 두었다. 믿음의 반석 위에 세운 가정이야말로 자녀를 위한 최고의 교육 환경이라고 생각하는 저자는 자녀와 함께 매일 아침 성경말씀을 묵상하며 하루를 시작한다. 또한 소중한 자녀들에게 세세토록 물려줄 영적 유산을 남기게 해달라고 매일 밤 무릎을 꿇고 기도한다. 때로 자녀가 큰 잘못을 저질렀다 하더라도 세상의 말로 경책하고 훈계하는 대신 사랑으로 다스리기 위해 기도를 선택하는 기도 최우선주의 어머니다.
저서로는 『무릎으로 드리는 자녀축복기도』가 있다.

2010년 07월 25일 초판 1쇄 발행
2024년 11월 11일 초판 4쇄 인쇄

지은이 | 송미경 · 박혜민 · 박예원
펴낸이 | 황성연
펴낸곳 | 도서출판 청우
등록번호 | 제 2001-000055호
주문처 | 하늘물류센타
주 소 | 경기도 파주시 광탄면 혜음로 883번길 39-32
연락처 | (031)-947-7777 | **팩 스** (0505)-365-0691
ISBN 978-89-85580-00-7 03230

이책은 저작권법에 의해 보호를 받는 저작물이므로
무단전재 및 복제를 금합니다.
잘못 만들어진 책은 구입하신 서점에서 바꾸어 드립니다.

책 값은 뒤표지에 있습니다

부모와 학생이 함께하는

수험생 축복 기도문

송미경 · 박혜민 · 박예원 지음

청우

PREFACE

하나님은 사람을 향한 계획을 이뤄 가실 때 성도들의 기도를 통해 일하십니다. 하나님께서는 마음의 소원을 주셔서 하나님 뜻을 이루게 하십니다. 그러므로 하나님이 어떤 마음의 소원을 주시는지, 하나님의 계획은 무엇인지를 시시로 묻고 깨달아야 합니다. 수험생을 위한 기도는 더욱이 하나님의 뜻에 합당한 간구가 되어야 합니다.

첫째, 공부의 목적을 바로 세워야합니다. 공부하는 목적을 바로 세우지 않으면 목표한 바를 달성하지 못했을 때 쉽게 무너질 수 있습니다. 하나님이 주신 비전을 점검하여 그에 합당한 목표를 세워 공부해야 합니다.

둘째, 주어진 상황에 감사해야 합니다. 재정적 어려움이나 가정의 환경 때문에 공부에 열중할 수 없는 열악한 여건일지라도 하나님의 은혜를 구하며 나아가야 합니다. 그리하면 하나님께서 필요를 따라 풍성하게 부어주실 것입니다.

셋째, 믿음의 확신을 가지고 기도해야 합니다. 기도에 응답하여 주실 하나님을 신뢰하며 기도할 때 하나님께서는 합력하여 선을 이루실 것입니다.

수험생 기간은 그 어느 때보다 기도가 많이 필요한 시기입니다. 특히 수험생을 사랑하는 마음으로 간절히 드리는 부모님과 성도들의 기도를 하나님은 기뻐 받으십니다. 무엇보다 수험생 본인이 소망을 담아 기도할 때에 하나님은 더할 나위 없이 기뻐하시며 기도에 응답하실 것입니다.

수험생에게 입시는 거대한 산과도 같습니다. 그것을 지켜보는 가족과 공부하는 본인에게 힘겨운 여정입니다. 그러나 이 기간을 지혜롭게 보낸다면 가장 복된 기간이 될 수 있습니다.

『수험생 축복기도문』은 학부모와 중보자, 수험생 본인이 기도할 수 있도록 집필되었습니다. 이 땅의 그리스도인 수험생들이 하나님 안에서 뚜렷한 비전을 마음에 품고 성실하고 꾸준하게 기도하고 학업에 열중하여 승리하기를 소망합니다.

CONTENTS

PREFACE · 2

1부 수험생을 위한 기도 – 부모편 –

1. 수능을 준비하는 자녀를 위하여

최선을 다하게 하소서 · 14
심지가 견고한 자가 되게 하소서 · 16
순간순간 충실하게 하소서 · 18
희망 안에서 노력하게 하소서 · 20
비전을 품게 하소서 · 22

2. 영적성장과 건강을 위하여

하나님과 교제하는 삶을 살게 하소서 · 26
하나님을 아는 지혜를 주소서 · 28
성령의 은사와 열매를 맺게 하소서 · 30
유혹을 이기게 하소서 · 32
주일 성수 하게 하소서 · 34
우울증을 이기게 하소서 · 36
가족관계가 원만하게 하소서 · 38
교우관계가 원만하게 하소서 · 40
사제관계가 원만하게 하소서 · 42
건강한 이성교제를 허락하소서 · 44
멘토를 위한 기도 · 46
외모 콤플렉스를 이기게 하소서(여드름/몸무게/키) · 48

3. 공부하는 마음을 위하여

인내심과 집중력을 주소서 · **52**
시간 관리를 잘하게 하소서 · **54**
암기력 · 이해력 · 집중력을 키우게 하소서 · **56**
자율성을 키우게 하소서(게으름 | 미루기) · **58**
중독에서 벗어나게 하소서(TV/인터넷/게임) · **60**
시험대비(중간고사 | 기말고사) · **62**
수시전형을 위하여 · **64**

4. 수능시험을 위하여

언어영역 1 · **68**
언어영역 2 · **70**
수리영역 · **72**
외국어영역 · **74**
사회탐구영역 · **76**
과학탐구영역 · **78**
예체능영역 · **80**
논술 · 면접시험 · **82**
지혜를 허락하소서 · **84**
건강과 컨디션을 지켜주소서 · **86**
최상의 시험환경이 되게 도우소서 · **88**
자만하거나 실수하지 않도록 인도하소서 · **90**
정직하게 시험 보게 하소서 · **92**
감사기도를 드리게 하소서 · **94**
좋은 결과를 구합니다 · **96**

CONTENTS

2부 수험생을 위한 기도 – 학생편 –

1. 수험생의 기도

은을 단련함 같이 하소서 · 102
비전을 품게 하소서 · 104
모든 수험생을 위하여 · 106
수시전형을 위하여 · 108
평안과 감사가 넘치게 하소서 · 110

2. 영적성장과 건강을 위하여

하나님과 교제하는 삶을 살게 하소서 · 114
하나님을 아는 지혜를 주소서 · 116
성령의 은사와 열매를 맺게 하소서 · 118
유혹을 이기게 하소서 · 120
주일 성수 하게 하소서 · 122
우울증을 이기게 하소서 · 124
자아 존중감을 갖게 하소서 · 126
스트레스와 분노를 잘 다스리게 하소서 · 128
가족관계가 원만하게 하소서 · 130
교우관계가 원만하게 하소서 · 132
사제관계가 원만하게 하소서 · 134
건강한 이성교제를 허락하소서 · 136
멘토를 위한 기도 · 138
건강을 지켜주소서 (위장장애 | 수면장애 | 두통) · 140
외모 콤플렉스를 이기게 하소서 (여드름 | 몸무게 | 키) · 142

3. 공부하는 마음을 위하여

성적이 떨어졌을 때의 기도 · **146**
인내심과 집중력을 주소서 · **148**
시간 관리를 잘하게 하소서 · **150**
학원생활을 성실하게 하소서 · **152**
암기력 · 이해력 · 집중력을 키우게 하소서 · **154**
자율성을 키우게 하소서(게으름 | 미루기) · **156**
중독에서 벗어나게 하소서(TV | 인터넷 | 게임) · **158**
시험대비(중간고사 | 기말고사) · **160**

4. 수능시험을 위하여

건강과 컨디션을 지켜주소서 · **164**
최상의 시험환경이 되게 도우소서 · **166**
자만하거나 실수하지 않도록 인도하소서 · **168**
정직하게 시험 보게 하소서 · **170**
시험을 앞두고 기도합니다 · **172**
시험을 마치고 기도합니다 · **174**

부록 : 2011년 수능시간표 · 176

수험생을 위한 기도

- 부모편 -

마음의 경영은 사람에게 있어도
말의 응답은 여호와께로부터 나오느니라
사람의 행위가 자기 보기에는
모두 깨끗하여도
여호와는 심령을 감찰하시느니라
너의 행사를 여호와께 맡기라
그리하면 네가 경영하는 것이 이루어지리라

잠언 16:1~3

1장

수능을 준비하는 자녀를 위하여

최선을 다하게 하소서
심지가 견고한 자가 되게 하소서
순간순간 충실하게 하소서
희망 안에서 노력하게 하소서
비전을 품게 하소서

최선을 다하게 하소서

우리가 선을 행하되 낙심하지 말지니 포기하지 아니하면 때가 이르매 거두리라
- 갈라디아서 6:9

날마다 우리의 짐을 져주시는 하나님을 찬양하며 감사드립니다. 사랑하는 ○○(이)가 고3 수능을 앞두고 열심히 공부를 하고 있습니다. 후회함이 없도록 최선을 다하게 하시고 초조함이나 불안함을 떨쳐버리게 도와주옵소서.

다른 친구들은 열심히 공부하는데 자신만 성과가 나지 않는다고 조급해하지 않게 하시고 마음의 중심을 보시는 하나님과 자신에게 최선을 다하게 하옵소서.

우리 ○○(이)가 땀 흘려 노력한대로 좋은 결과를 바라며 인내하게 하옵소서. 힘들고 무거운 짐이라도 피할 수 없는 누구나 겪는 길이오니 자신감을 가지고 나아가게 하옵소서.

주님, 때로는 마음이 약해져서 자신을 자책하며 우울할 때도 믿음의 주요 온전케 하시는 하나님을 바라보게 하옵소서.

주여, 배움의 시기에 흘리는 땀과 눈물은 훗날 기쁨의 노래를 부르며 아름다운 열매로 보상받을 것을 믿습니다. 혹시라도 친구와 이성 관계로 인하여 헛되이 시간을 낭비하지 않게 하시고 서로 격려하고 힘이 되어주는 선의의 경쟁과 아름다운 우정으로 발전하게 도와주시옵소서.

매일 반복되는 힘든 일상이지만 젊은 날의 고생과 경험들이 미래의 삶을 지탱해 주는 버팀목이 될 것을 믿으며 인내하도록 도와주옵소서.

하나님, 우리 ○○(이)에게 넉넉하고 풍요로운 마음을 주셔서 당당하고 슬기롭게 수능대비를 잘할 수 있도록 도와주옵소서.

예수 그리스도 이름으로 기도 드립니다. 아멘.

심지가 견고한 자
되게 하소서

그는 시냇가에 심은 나무가 철을 따라 열매를 맺으며 그 잎사귀가 마르지 아니함 같으니 그가 하는 모든 일이 다 형통하리로다 - 시편 1:3

지혜와 명철로 하늘을 펴시고 이 세상 모든 것을 주관하시는 하나님께 찬양 드립니다.

날마다 우리 ○○(이)에게 힘과 능력을 주시며 평강 주심을 감사드립니다. 그동안 꾸준히 인내하며 학업에 전념하게 하시고 하나님을 의지하며 기쁜 마음으로 예배와 봉사에도 성실하게 임하게 하심을 감사드립니다.

하나님 아버지.

우리 ○○(이)가 진정한 승리와 형통함이 주님께 있음을 믿고 주님만 바라며 의지하게 하시고 열심을 다하여 기도하며 성실하게 학업에 임하게 하옵소서. 지금껏 우리 ○○(이)가 주님을 의지하고 성실하게 공부해 왔으나 결과를 온전히 주님게 맡기고 평안한 마음으로 시험에 임하게 하옵소서.

주님을 의지하고 사랑하는 자녀에게 시냇가에 심은 나무처럼 번성하게 하시고 아름다운 열매를 거두게 하옵소서.
주님께서 심지가 견고한 자를 평강의 평강으로 지키시리라 하셨사오니 뿌리 깊은 나무처럼 마음이 흔들리지 아니하고 견고하게 하옵소서.

주님께서 우리 ○○(이)에게 이미 승리 주신 것을 믿사오니 이번 시험을 계기로 믿음이 성장하며 살아계신 하나님을 체험하는 기회가 되게 하옵소서. 예수님의 이름으로 기도 드립니다. 아멘.

순간순간 충실하게 하소서

부지런한 자의 경영은 풍부함에 이를 것이나 조급한 자는 궁핍함에 이를 따름이니라 - 잠언 21:5

사랑하는 하나님 아버지!
언제나 변함없이 저희들을 사랑하시고 능력으로 붙들어 주심을 감사드립니다. 수능을 준비하는 우리 ○○(이)를 붙잡아 주셔서 피곤치 않고 곤비치 않게 하시며 날마다 새 힘을 주시기를 간절히 기도드립니다.

주여, 우리 ○○(이)가 참된 승리는 하루 아침에 얻을 수 있는 것이 아니라 꿈과 목표를 가지고 인내하며 한 걸음씩 한 걸음씩 준비하며 나아갈 때 이룰 수 있는 것임을 잘 알게 하여 주시옵소서. 주여, 처음에는 대부분의 친구들이 열의를 가지고 시작하지만 며칠 혹은 몇 달 지나지 않아 게으름과 핑계로 결국 포기하는 경우를 봅니다.

'조금만 놀고 조금만 자고 해야지'라고 느슨한 생각이 찾아올 때 우리 ○○(이)는 타협하지 말고 단호히 물리치게 하여 주시옵소서. 무엇보다 자신에게 엄격하게 하시고 계획한 범위와 진도를 철저히 지켜내게 도와주시옵소서.

항상 자신에게 충실하게 하시고 끊임없는 유혹과 싸움에서 뒤로 물러가지 않도록 능력의 손으로 붙잡아 주시옵소서.

주여, 우리 ○○(이)가 항상 최고가 되어야 한다는 강박관념을 벗어 버리고 자신에게 최선을 다하며 우리 하나님의 도우심을 구하는 지혜롭고 기도하는 주의 자녀가 되게 하여 주시옵소서.

인생은 단거리 경주가 아니고 마라톤 같은 장거리 경주이므로 자신만의 호흡과 리듬을 잃지 않고 잘 유지하여 최후의 승리를 맛보는 믿음의 용사가 되게 하여 주시옵소서.

구원의 능력이 되신 예수 그리스도 이름으로 기도드립니다. 아멘.

희망 안에서 노력하게 하소서

다윗이 그를 가리켜 이르되 내가 항상 내 앞에 계신 주를 뵈었음이여 나로 요동하지 않게 하기 위하여 그가 내 우편에 계시도다 그러므로 내 마음이 기뻐하였고 내 혀도 즐거워하였으며 육체도 희망에 거하리니 - 사도행전 2:25,26

우주만물을 창조하시고 다스리시는 하나님!
우리의 삶을 섭리하시고 은혜로 인도하심을 감사드립니다. 수능을 준비하는 우리 ○○(이)를 붙드시고 지혜와 능력을 갑절로 부어 주시옵소서.
지금까지 힘들게 쌓아올린 생활 리듬을 잘 유지할 수 있도록 도와주시옵소서. 좋은 습관과 공부하는 리듬을 깨지 않도록 마음을 다잡아 주시옵소서.

주여, 우리 ○○(이)가 물리쳐야할 최대의 적은 게으름과 느슨한 마음임을 알게 하시고 목표를 향하여 정진하게 도와주시옵소서.
아무리 힘들고 어려워도 이겨낼 수 있는 강인한 체력과 건강을 허락하여 주시고 우리 ○○(이)에게 할 수 있다는 자신감을 주셔서 넉넉히 감당하게 하옵소서.

우리의 힘 되시고 소망되신 하나님 아버지를 우리 ○○(이)가 날마다 순간마다 바라봄으로 넘치는 활력을 충만케 하여 주시옵소서. 수능을 보는 그 시간까지 집중력을 가지고 무엇이 부족한지를 잘 알게 하시고 하나라도 그냥 흘려보내지 않도록 도와주시옵소서. 혹 알고 있는 문제라도 더 깊이 이해하고 다지며 배워가는 즐거움을 더하여 주시옵소서.

주여, 우리 ○○(이)가 자신과의 약속과 싸움에서 결코 물러서지 않도록 도와주시옵소서. 세상은 노력하는 자에게 희망으로 가득 차 있음을 잊지 않게 하시고 긍정적인 생각과 창조적인 말을 통하여 세상은 새롭게 발전해 왔으며 우리 ○○(이)가 그 주인공으로 일익을 담당할 수 있도록 실력을 쌓으며 준비에 소홀함이 없게 하여 주시옵소서. 변함없으신 예수 그리스도 이름으로 기도드립니다. 아멘.

비전을 품게 하소서
목표하는 학교와 학과

사람이 마음으로 자기의 길을 계획할지라도 그 걸음을 인도하는 자는 여호와시니라 - 잠언 16:9

우리의 길이요 진리가 되신 하나님!

오늘도 우리 ○○(이)가 하나님 앞에서 건강한 학생의 때를 보낼 수 있게 해주심을 감사드립니다. 부족한 것이 많고 아쉬움이 많으나 최선을 다하여 시험을 준비하고 있사오니 ○○(이)에게 지혜를 더하셔서 그동안 성장하면서 공부한 지식과 닦아온 실력들이 좋은 결과에 다다르게 하옵소서.

특별히 오늘은 구체적인 진로의 향방을 위해 기도합니다. 그동안은 학교에서 지도하는 데로 막연한 길을 따라 걸어왔지만 이제는 뚜렷한 목표의식을 가지고 전진하고자 합니다. 먼저 가고자 하는 대학교와 학과 선택을 위해 기도하오니 친히 인도하여 주옵소서.

제가 부모로서 ○○(이)에게 가지고 있던 기대와 욕심을 내려놓습니다. 사람이 그 길을 계획할지라도 인도하시는 분은 하나님이시오니 우리가 학교와 학과 선택을 위해 고민하고 기도할 때에 갈 길을 밝히 보이시고 인도해 주옵소서.

저희가 원하는 학교와 학과는 △△대학교 □□학과입니다. 그러나 이러한 우리의 계획도 하나님 앞에 내려놓고 기도합니다. 또한 이것은 우리의 막연한 계획이기에 더욱 뚜렷한 인도하심을 받고 싶습니다. 이것이 저희의 욕심이라면 내려놓게 하시고, 만약 하나님의 뜻에 합당한 길일 때에는 학과 선택 과정 가운데 순탄한 길을 열어주옵소서.

무조건 점수에 맞춰가지 않고 비전과 적성에 맞추어 학교와 학과를 선택할 수 있도록 도와주옵소서. 예수 그리스도의 이름으로 기도합니다. 아멘.

너는 알지 못하였느냐 듣지 못하였느냐
영원하신 하나님 여호와, 땅 끝까지 창조하신 이는
피곤하지 않으시며 곤비하지 않으시며
명철이 한이 없으시며
피곤한 자에게는 능력을 주시며
무능한 자에게는 힘을 더하시나니
소년이라도 피곤하며 곤비하며
장정이라도 넘어지며 쓰러지되
오직 여호와를 앙망하는 자는 새 힘을 얻으리니
독수리가 날개치며 올라감 같을 것이요
달음박질하여도 곤비하지 아니하겠고
걸어가도 피곤하지 아니하리로다

이사야 40:28~31

2장

영적성장과 건강을 위하여

하나님과 교제하는 삶을 살게 하소서
하나님을 아는 지혜를 주소서
성령의 은사와 열매를 맺게 하소서
유혹을 이기게 하소서
주일 성수 하게 하소서
우울증을 이기게 하소서
가족관계가 원만하게 하소서
교우관계가 원만하게 하소서
사제관계가 원만하게 하소서
건강한 이성교제를 허락하소서
멘토를 위한 기도
외모 콤플렉스를 이기게 하소서(여드름 | 몸무게 | 키)

하나님과 교제하는 삶을 살게 하소서

주와 합하는 자는 한 영이니라 - 고린도전서 6:17

사람을 사랑하시되 끝까지 사랑하신 주님!
오늘도 사랑하는 ○○(이)와 교제하기 위해 기다리고 계시는 줄 압니다. ○○(이)가 수험생의 일상에 쫓겨 살아가느라 주님과의 교제를 소홀히 여기는 것을 용서하시고 긍휼히 여겨 주시옵소서.
모든 상황과 처지를 알고 계시는 하나님 아버지께서 ○○(이)의 생활을 다스려 주시길 간구합니다. ○○(이)가 하나님과 교제함으로써 지치고 상한 마음에 회복의 역사가 있게 하옵소서.

○○(이)의 입술에서 나오는 말이 기도가 되게 하시고, 마음에서 하는 생각이 간구가 되게 하여 주옵소서. 주님과 합한 마음이 되어 예수님 성품과 형상을 닮아가는 자가 되게 하옵소서.

주님은 ○○(이)에게 필요한 것이 무엇인지 아시오니 가장 좋은 스승이자 친구가 되어 주셔서 그 고민들을 친히 담당하여 주시길 원합니다. 그리하여 ○○(이)가 하나님 아버지를 주인으로 모셔드리고 매 순간마다 의지하며 살게 하옵소서.

하나님과의 교제를 통해 삶의 균형을 잡아가는 ○○(이)가 되기를 소망합니다. 분주한 하루 일정 가운데 가장 좋은 시간을 하나님께 먼저 올려드리게 하옵소서.
그러나 차마 시간을 내지 못하여 주님 앞에 무릎 꿇지 못할지라도 그 마음에 찾아가 주셔서 만나주시고 교제하여 주시길 원합니다.

○○(이)를 세상 그 누구보다 사랑하시되 끝까지 사랑하시는 구원자 예수 그리스도의 이름으로 기도합니다. 아멘.

하나님을 아는 지혜를 주소서

여호와를 경외하는 것이 지식의 근본이거늘 미련한 자는 지혜와 훈계를 멸시하느니라 - 잠언 1:7

지혜의 근본이 되시는 하나님 아버지!

사랑하는 ○○(이)에게 하나님을 아는 지식을 주옵소서. ○○(이)는 사람의 자녀이기 이전에 하나님의 자녀이기에 세상 지식을 우선으로 삼기보다 하나님 아버지를 아는 지식을 먼저 알기를 간구합니다.

세상의 모든 지식을 얻어도 하나님을 아는 지식이 없으면 아무 소용이 없음을 ○○(이) 스스로가 깨닫게 하옵소서. 먼저 ○○(이)가 날마다 하나님의 은혜를 사모하고 하나님의 말씀을 주야로 묵상하는 자로 살게 하옵소서.

입시 준비 때문에 바쁘다는 이유로 성경말씀을 멀리하지 않게 하시고 지치고 낙심될 때에 성경말씀을 통해 새 힘을 얻을 수 있게 하옵소서.

주님의 말씀을 묵상할 때에 깨달아 아는 지혜를 주시고 하나님을 아는 열심을 ○○(이)에게 부어 주옵소서. 모든 지혜와 지식의 근본이 하나님께 있음을 고백합니다.

○○(이)가 하나님을 아는 지혜가 충만해질수록 학업을 함에도 동일한 지혜가 부어지게 하셔서 하나님께 영광을 돌려드리는 귀한 자녀가 되게 하옵소서.

그리하여 수험생으로 보낸 이 기간이 지식을 쌓는 과정이 될 뿐 아니라 하나님을 아는 지혜가 깊어지고 하나님과 교제하는 영성이 깊어지는 시기가 되게 하옵소서. 세상의 지혜와 지식을 감당할 만한 영성을 허락하시고 아름다운 성품을 허락해 주옵소서.

훗날에 세상에 나갔을 때 어디를 가서 무엇을 하든지 여호와로 인하여 승리하는 믿음의 삶을 살도록 ○○(이)를 도와주옵소서.

우리의 머리가 되시는 예수 그리스도의 이름으로 기도합니다. 아멘.

성령의 은사와 열매를
허락하소서

보혜사 곧 아버지께서 내 이름으로 보내실 성령 그가 너희에게 모든 것을 가르치시고 내가 너희에게 말한 모든 것을 생각나게 하시리라 - 요한복음 14:26

후히 베풀고 꾸짖지 아니하시는 주님!
우리에게 필요한 모든 것을 공급하시는 그 은혜에 감사드립니다. 하나님께서는 무엇이든 구하는 것을 넉넉히 부어주시는 분이시니 ○○(이)를 위한 간구에 응답하실 것을 믿고 기도드립니다.

○○(이)에게 성령의 은사를 허락하여 주시옵소서. 사람의 힘에 의지하지 않고 세상의 소리에 귀 기울이지 않는 성령의 사람이 되게 하여 주시길 원하옵나이다. 항상 영적으로 깨어있도록 밤낮으로 돌보아 주시길 간청합니다.
말씀으로 말씀하시는 성령 하나님의 음성을 ○○(이)가 알아들을 수 있도록 듣는 귀와 보는 눈을 열어주시옵소서.

지금 이 시간 성령의 은사를 단비처럼 쏟아 부어 주셔서 밝히 보고 깨달아 알게 하여 주옵소서.

○○(이) 자신은 물론이고 ○○(이)가 속한 학교와 학원과 가정, 그리고 ○○(이)가 만나고 대하는 모든 사람들까지 성령에 물드는 역사를 일으키시옵소서.

○○(이)를 통해 곳곳에서 성령의 열매가 주렁주렁 맺히게 되기를 소망합니다.

○○(이)가 아침마다 새롭고 늘 새로운 하루하루를 살아갔으면 좋겠습니다. 성령님이 ○○(이)의 영육을 직접 다스려 주시고 만져주시어 충만한 기쁨을 누리게 하여 주시옵소서.

성령님의 능력을 인정하여 구체적인 은사를 갈망하고 구하는 ○○(이)가 되기를 간구합니다. "내 이름으로 무엇이든지 내게 구하면 내가 행하리라"고 말씀하셨으니 속히 행하여 주시옵소서.

기도에 응답하실 예수 그리스도의 이름으로 기도합니다. 아멘.

유혹을 이기게 하소서

음행과 온갖 더러운 것과 탐욕은 너희 중에서 그 이름조차도 부르지 말라 이는
성도에게 마땅한 바니라 - 에베소서 5:3

진리의 영이신 하나님 아버지!

변함없는 사랑으로 우리를 바라보시며 항상 의의 길로 인도하시는 아버지의 은혜를 찬양합니다. 이 시간 ○○(이)의 걸음을 지켜주시길 바라는 마음으로 중보하오니 응답하여 주옵소서. ○○(이)가 성령 안에서 깨어 기도하게 하여주시길 원합니다.

이 세상에는 사람의 마음을 빼앗고 충동질하는 것들이 허다합니다. 각종 대중매체나 인터넷으로부터 접하는 것에 휩쓸려가지 않게 하시고, 주변의 친구나 환경으로 인해 그릇된 길로 빠지지 않도록 보호하옵소서. ○○(이)가 스스로의 눈을 가리고 마음을 절제할 수 있는 단호함을 갖게 되길 소망합니다.

순간의 그릇된 선택이 인생 전체를 흔들리게 할 수도 있다는 사실을 알고 늘 깨어 주의하며 어떤 순간에도 타협하지 않고 굳건한 믿음으로 마음을 지키는 주님의 자녀로 살게 하옵소서.

늘 말씀과 기도로 깨어서 자신의 생각과 마음을 지키는 거룩한 자로 살게 하옵소서. 분별력을 흐리게 하는 미혹의 영에 넘어지지 않도록 ○○(이)에게 전신갑주를 입혀 주옵소서. 그리하여 자신의 신앙을 잘 지켜나갈 뿐만 아니라, 학교와 학원에서도 건강하고 정결하게 생활할 수 있도록 도와주옵소서.

또한 ○○(이)가 자신의 삶에 대한 비전과 꿈을 더욱 굳건하게 세울 수 있길 소망합니다. 자신에게 주어진 비전과 꿈으로 말미암아 유혹에 빠지지 않도록 하옵소서. 순간의 호기심과 쾌락들로 인해 자신을 던지는 일이 생기지 않도록 지켜주시길 원합니다.

하나님께서는 ○○(이)의 성격을 아시고 약한 부분도 잘 알고 계시오니 이를 긍휼히 여기시어 ○○(이)를 눈동자와 같이 보호하여 주옵소서.

예수 그리스도의 이름으로 기도합니다. 아멘.

주일성수 하게 하소서

그러므로 형제들아 내가 하나님의 모든 자비하심으로 너희를 권하노니 너희 몸을 하나님이 기뻐하시는 거룩한 산 제물로 드리라 이는 너희가 드릴 영적 예배니라 - 로마서 12:1

예배를 기뻐 받으시는 주님!

한량없이 죄인인 우리들을 예배자로 불러 주셔서 감사드립니다. 특별히 ○○(이)를 하나님의 자녀로 지명하여 주심이 얼마나 큰 은혜인지 모르겠습니다. ○○(이)는 지금 수험생으로서 중요한 시기를 보내고 있습니다.

○○(이)의 주일예배를 회복시켜 주셔서 매일의 삶에서 예배자로 살아가는 주님의 자녀가 되게 하옵소서. 가난한 심령으로 나아와 일주일 동안의 시름을 내려놓았을 때 그 모든 짐을 받아주시옵소서.

천지를 창조하신 후 일곱째 날에는 모든 일을 마치시고 안식하신 하나님을 본받기 원합니다. 진정한 안식은 하나님 안에 거하며 예배함으로 영육을 회복하는 것임을 알게 하여 주옵소서.

교회에 가서 예배드릴 시간에 공부를 한다 해도 하나님이 도와주시지 않으면 아무 소용이 없다는 것을 ○○(이)가 스스로 깨닫길 원합니다. 부모님의 강요에 의해서 억지로 주일성수 하는 것이 아니라 자원하는 심령으로 교회에 발걸음하게 하옵소서.

○○(이)가 시간을 드리고 마음을 드려 영적 예배를 드릴 수 있게 되길 소망합니다. 그리하여 입술로만 하나님을 시인하는 것이 아니라 온 마음과 정성을 다해 하나님을 사랑할 수 있도록 도와주옵소서.

하나님 사랑하는 마음이 흘러 넘쳐 가족과 친구와 이웃에게도 그 사랑 베풀며 살아가는 삶 살아가게 되길 바라옵나이다. ○○(이)가 주일을 성수하는 것에만 그치지 않고 매 순간을 예배로 올려드리는 성숙한 신앙인이 되어 모든 믿는 자들의 모범이 되게 하옵소서.

예수 그리스도의 이름으로 기도합니다. 아멘.

우울증을 이기게 하소서

이 말씀은 나의 곤란 중에 위로라 주의 말씀이 나를 살리셨음이니이다 - 시편 119:50

여호와 샬롬, 평강의 하나님을 찬양합니다. 만물에 충만한 주님의 평안과 사랑에 감사하며 영광 올려드립니다.

하나님 아버지 우리 ○○(이)의 평안을 간절히 바라는 마음으로 중보합니다. ○○(이)가 사춘기에 접어든 뒤 사춘기 우울증을 겪고 있습니다. 쉽게 낙심하며 기운을 차리지 못합니다. 공부는 물론이고 친구관계나 교회활동이나 가정생활에서도 즐거움을 얻지 못하는 것 같습니다. ○○(이)가 정서적으로 안정을 얻지 못한 후로는 건강도 약해졌고 마음도 여려져서 제가 어떻게 도와주어야 할지 모르겠습니다. ○○(이)의 힘없는 모습을 볼 때 부모 된 저로서 각별한 사랑을 베풀지 못했다는 자책이 들고 가슴이 아픕니다.

하나님 아버지! 우리 ○○(이)에게 참된 평안을 허락하시고 샘솟는 기쁨을 회복케 하옵소서. 자신의 비전과 재능을 발견하고 능동적으로 자신의 삶을 준비할 수 있도록 도와주옵소서. 한참 모든 것이 자라나고 충만하며 건강해야 할 때에 심적 아픔을 겪고 있는 ○○(이)를 보면 안타까운 마음이 듭니다. 저보다 더 ○○(이)를 사랑하시는 하나님의 사랑 앞에 ○○(이)의 사춘기 우울증을 내려놓고 기도하오니 인자와 자비로 감싸주옵소서. 오히려 사춘기 우울증을 잘 통과함으로 더욱 창조적이고 깊은 사고력을 가진 성숙하고 지혜로운 ○○(이)가 되게 하옵소서. 또한 타인의 외로움과 아픔을 이해하고 품을 수 있는 넓은 마음과 성품을 허락해 주시길 소망합니다. ○○(이)는 지금은 수험생이고 해야 할 공부가 많습니다. 사춘기 우울증 때문에 많은 시간을 빼앗기지 않도록 부디 ○○(이)를 우울한 감정에서 건져주옵소서. 저를 포함한 모든 가족들이 ○○(이)를 위해 할 수 있는 일들이 무엇인지 하나님께서 가르쳐 주시고 인도하옵소서. 평강의 우리 주 예수 그리스도의 이름으로 기도합니다. 아멘.

가족관계가 원만하게 하소서

그들의 역사로 말미암아 사랑 안에서 가장 귀히 여기며 너희끼리 화목하라 - 데살로니가전서 5:13

사랑과 은혜가 충만하신 임마누엘 하나님 아버지! 우리 가정을 항상 눈동자 같이 보살펴주시는 하나님의 깊으신 사랑에 감사 드립니다. 그러나 기도가 부족하고 사랑이 부족하여 소통이 단절될 때가 있고 마찰이 생기기도 합니다. 우리 가족 한 사람 한 사람을 불쌍히 여기시고 도와주옵소서. 서로 더욱 이해하고 감싸주며 부족한 부분을 채워주는 관계가 되어 기쁨과 슬픔을 같이하는 가족이 되게 하옵소서.

특히 시험을 앞둔 입시생이지만 ○○(이)가 마음의 평안을 잃지 않게 하시고 가족을 배려하는 마음을 가질 수 있게 하옵소서. 성적을 위해 공부하는 것뿐만 아니라 가족을 위해 기도하고 가족을 위해 배려하는 자세를 가질 수 있게 하옵소서.

가족과 이웃과 친지를 존중하고 서로 친절하게 대하며 사랑을 주고받는 가운데 입시생 시절과 사춘기 시절을 즐겁게 보낼 수 있도록 도와주옵소서. 이 시절 학업에 대한 부담으로 가족과의 즐거운 시간을 짜증으로 보내는 일이 없도록 항상 우리 ○○(이)의 마음을 지켜주옵소서.

가정 안에서 충만한 사랑을 받음으로 말미암아 학교와 학원에 나가서 공부할 때에 더 힘을 낼 수 있게 되길 소망합니다. 충분한 휴식과 충전이 가정 안에서 이뤄질 수 있도록 도와주옵소서. 또한 우리 가족 모두가 ○○(이)를 도와 더욱 학업에 집중하며 올바른 인성과 영성을 가진 청년으로 자랄 수 있도록 중보하고자 하오니 우리 가정에 늘 기도가 끊이지 않도록 성령께서 동행하시옵소서. ○○(이)의 수험생 기간을 통해 가족 모두 하나님과 깊은 교제를 나누고 하나님을 경외하며 하나 되는 귀한 시간 될 수 있도록 도와주옵소서. 예수 그리스도의 이름으로 기도합니다. 아멘.

교우관계가 원만하게 하소서

그러므로 우리가 화평의 일과 서로 덕을 세우는 일에 힘쓰나니 - 로마서 14:19

길이요 진리요 생명 되시고 우리의 친구 되시는 하나님 아버지! 하나님의 친절하고 친밀하신 성품을 찬양하며 감사드립니다. 우리 ○○(이)와 동행하시며 선한 길로 인도해 주시며 ○○(이)의 작은 기도와 입술의 고백을 들어주시는 세밀한 하나님의 성품을 찬양합니다.

하나님!

수험생 기간은 유난히 외롭고 지치는 시기입니다. 시험을 앞두고 공부하며 긴장 가운데 있는 ○○(이)에게 좋은 친구를 허락해 주옵소서. 친구와의 교제를 통해 마음의 고통과 답답함을 조금이나마 덜어내고 위로와 안식을 얻게 되길 소망합니다. 친구와 소통하고 나누는 가운데 더욱 구체적인 사랑을 배울 기회를 허락하여 주옵소서.

하나님 아버지!

요즘 세상이 흉흉하고 타락하였습니다. 이 땅의 많은 청소년들이 거리에서 방황하고 유혹에 노출되기 쉬운 음란하고 타락한 세대를 살아가고 있으나 ○○(이)는 이 땅에 빛 되신 그리스도 안에 속한 사람으로 주님의 보호를 받게 하옵소서.

○○(이)의 마지막 청소년기가 아름답게 빛나도록 믿음의 친구들을 붙여주시길 원합니다. 다니엘의 세 친구처럼 철저히 하나님의 법과 식을 따르며 우정을 나누게 하옵소서.

○○(이)가 마지막 청소년기를 보내는 동안에 친구들과 좋은 추억을 많이 만들길 소망합니다. 한번 흘러가면 되돌릴 수 없는 황금기를 보내고 있음을 기억하며 매 순간을 뜻깊은 시간으로 보내게 하옵소서. ○○(이)에게 좋은 친구가 되어주는 이들에게 ○○(이)도 친절과 사랑을 베풀어서 그리스도인의 선한 영향력을 끼치며 살게 하옵소서. 예수 그리스도의 이름으로 기도합니다. 아멘.

사제관계가 원만하게 하소서

맡은 자들에게 주장하는 자세를 하지 말고 양 무리의 본이 되라 - 베드로전서 5:3

빛과 진리 되시며 우리의 스승이시고 인도자 되신 하나님 아버지!

우리의 갈 길을 밝히 보이시고 인도해 주시는 하나님을 찬양합니다. 특별히 주님께서 우리 ○○(이)의 선생님이 되어주셔서 언제나 선한 길로 인도해 주시니 감사드립니다. 그동안 ○○(이)가 자라는 동안 여러 좋은 선생님들을 만나서 배우고 장성할 수 있었던 것은 모두 하나님의 은혜입니다. 이제 ○○(이)가 수험생으로 보내는 이 기간 동안 더욱 큰 은총을 베풀어 주시옵소서.

○○(이)가 어디로 가든지 좋은 선생님을 만날 수 있는 만남의 복을 허락해 주옵소서. ○○(이)가 올 한해 만나는 선생님들과의 관계 가운데 함께 하셔서 모두 복된 만남이 되게 하시고 서로에

게 기쁨이 되는 관계가 되게 하옵소서. 학교 선생님은 물론이고 학원 선생님과 과외 선생님, 인터넷과 텔레비전으로 공부할 때 만나는 선생님, 그리고 교회에서 만나는 선생님까지 ○○(이)를 지도하는 모든 선생님들을 축복하여 주옵소서.

하나님을 아는 지식이 깊고 풍부하며 하나님을 경외하는 교사이길 소망합니다. 또한 하나님의 말씀에 기초한 교육철학으로 ○○(이)를 가르치는 교사이길 간구합니다.

특별히 ○○(이)의 약점을 발견하였을 때는 부족한 부분을 격려하고 채워주며, 장점을 발견했을 때는 칭찬으로 용기를 북돋아 줄 수 있는 통찰력 있는 선생님을 만나게 하옵소서. 그리하여 시간을 낭비하지 않고 효율적으로 공부에 열중할 수 있도록 도와주옵소서.

실력 있고 인격이 좋은 선생님을 만나도록 은혜를 베풀어 주옵소서. 그리하여 공부 뿐 아니라 영성과 감성과 인성 모두 좋은 영향을 받게 하옵소서. 예수 그리스도의 이름으로 기도합니다. 아멘.

건강한 이성교제를
허락하소서

너는 청년의 때에 너의 창조주를 기억하라 곧 곤고한 날이 이르기 전에, 나는 아무 낙이 없다고 할 해들이 가깝기 전에 - 전도서 12:1

사랑과 은혜가 충만하시고 자비로우신 하나님 아버지!

항상 우리에게 마땅히 생각할 것을 기억나게 하시고 행하게 하시는 인도하심에 감사드립니다. 이 시간 하나님이 특별히 아껴주시는 우리 ○○(이)의 이성교제를 위해 기도합니다. 그 교제가 ○○(이)와 ○○(이)의 친구에게 긍정적인 과정과 결과를 얻도록 도와주옵소서. 이성교제를 통해 세상 만물의 조화와 사랑의 본질을 깨달으며 서로에게 긍정적인 에너지를 주고받는 관계가 되길 소망합니다.

지금은 ○○(이)가 시험을 앞둔 중요한 시기이오니 마음과 시간을 빼앗겨 후회하는 일이 없도록 건강하고 건전한 교제를 할 수 있도록 붙잡아 주옵소서. 특히 아직 자신의 욕구를 잘 통제하지 못하는 때이므로 자신의 몸과 마음을 거룩하고 정결하게 지킬 수 있게 하옵소서.

○○(이)는 우리가 낳았으나 우리의 자식이 아닌 하나님의 자녀입니다. 주님! 하나님께서 제게 허락하신 귀한 자녀를 잘 양육할 수 있는 지혜를 주시길 원합니다.

○○(이)의 수험생 기간뿐만 아니라 대학에 가고 직장생활을 할 때, 그리고 훗날 ○○(이)가 자신의 배우자를 찾을 때에도 오직 하나님의 생각과 방법으로 조언하고 도울 수 있도록 저를 바로 세워 주옵소서.

○○(이)가 스스로 자신에게 주어진 상황과 관계와 삶을 사랑하게 하시고 참된 사랑을 위해 필요한 인내를 배우게 하옵소서. 이성교제로 인해 마음과 시간을 빼앗기지 않게 하시고 육신의 유혹에 빠지지 않도록 도우시옵소서.

이성교제를 통해 참 사랑의 의미를 배우며 정서의 깊이가 더욱 깊어질 수 있도록 그 관계를 주관하여 주옵소서. 예수 그리스도의 이름으로 기도합니다. 아멘.

멘토를 위한 기도

한 사람이면 패하겠거니와 두 사람이면 맞설 수 있나니 세 겹 줄은 쉽게 끊어지지 아니하느니라 - 전도서 4:12

가장 좋은 친구이시며 스승이신 주님!
지금 이 시간에도 ○○(이)와 함께 해주셔서 감사합니다. 하나님께서는 ○○(이)가 무슨 생각을 하며 어떤 고민을 가지고 있는지 세밀히 아십니다. 소망하옵기는 ○○(이)에게 합당한 사람을 멘토로 붙여주시길 바라옵나이다. 하나님께서는 사람을 통해 일하시는 분이시오니 가장 좋은 때에 가장 좋은 방법으로 가장 좋은 사람을 ○○(이)의 멘토로 만나게 하실 줄 믿습니다.

○○(이)는 청소년기의 마지막 때이자 가장 중요한 시기를 보내고 있습니다. 어떤 사람을 만나 교제하느냐에 따라 인생이 바뀌기도 하는 중대한 때입니다.

하나님의 자녀인 ○○(이)가 그릇된 길에 접어드는 것을 주님께서도 원치 않으시는 줄 압니다. ○○(이)가 혼자서 해결할 수 없는 문제와 고민들을 나눌 수 있도록 사람을 보내 주옵소서. ○○(이)에게 붙여주신 멘토가 ○○(이)와 친밀한 교제를 나누며 깊은 속내를 꺼내 보일 수 있는 관계가 되게 하옵소서.

○○(이)의 멘토가 하나님의 뜻대로 행하는 철저한 믿음의 사람이길 소망합니다. 믿음이 흔들리거나 확신을 잃었을 때 말씀과 기도로 이끌어 줄 수 있는 영성 깊은 자를 ○○(이)의 멘토로 허락하여 주옵소서. 그가 ○○(이)의 평생에 동역할 수 있는 친구이자 의지할 수 있는 영적 지도자로서 언제나 동행할 수 있게 하옵소서.

○○(이)의 멘토를 통하여 하나님이 행하실 일들을 기대합니다. 믿음 안에서 이루어진 두 사람의 관계를 통하여 영광 받으시옵소서.

이 모든 소망을 이루어주실 예수 그리스도의 이름으로 기도합니다. 아멘.

외모 콤플렉스를
이기게 하소서 여드름/몸무게/키

고운 것도 거짓되고 아름다운 것도 헛되나 오직 여호와를 경외하는 여자는 칭찬을 받을 것이라 - 잠언 31:30

천지만물을 지으신 창조주 하나님을 찬양합니다. 주께서 지으신 하늘의 달과 별이 아름다우며 주께서 지으신 우리들도 부족함이 없습니다.

하나님 아버지!

자신의 외모에 열등감을 느끼는 우리 ○○(이)를 위로하여 주옵소서. 사춘기에 접어들면서 ○○(이)는 자신의 외모, 특히 △△문제로 많은 고민을 하고 있습니다. 또한 그런 외모에 대한 고민이 자신감을 떨어뜨려서 성품에도 안 좋은 변화를 가져오고 있습니다.

자신의 외모가 하나님께서 조성하시고 탄생시킨 귀한 형상임을 깨달을 수 있도록 ○○(이)의 생각을 바로 잡아 주옵소서. ○○(이)가 고민하고 있는 그 문제들과 맞서 싸워 스스로 그것을 감당할 수 있는 자신감을 갖게 하옵소서.

이 시대는 외모지상주의에 물들어 있습니다. 그러나 우리 ○○(이)는 이 세대를 본받지 말고 마음과 생각을 새롭게 하고 영성을 쌓아가며 하나님과 친밀하게 교제하는 청년으로 자라기를 소망합니다. 세상의 기준에 마음을 빼앗기지 않도록 ○○(이)를 도와주옵소서.

자신의 몸을 사랑하고 신경을 쓰는 것도 적정한 선에서 할 수 있도록 지혜와 절제력을 더해주시길 원합니다. 외모를 가꾸는 일에 시간을 빼앗겨 하나님과의 교제와 공부에 소홀하지 않도록 도와주옵소서.

하나님의 관점에서 자신을 바라볼 수 있도록 그 안에 거룩한 소원들을 부어주시고 ○○(이)가 평생에 품을 사명과 비전을 깨닫게 하셔서 사소한 일에 침울해하고 넘어지지 않도록 도와주옵소서. 하나님께서 천하보다 귀하게 여기시는 우리 ○○(이)가 자신의 소중한 가치를 깨닫고 건강한 자아상을 확립할 수 있게 도우시옵소서.

예수 그리스도의 이름으로 기도합니다. 아멘.

또 여호와를 기뻐하라
그가 네 마음의 소원을 네게 이루어 주시리로다
네 길을 여호와께 맡기라
그를 의지하면 그가 이루시고
네 의를 빛 같이 나타내시며
네 공의를 정오의 빛 같이 하시리로다

시편 37:4~6

3장

공부하는 마음을 위하여

인내심과 집중력을 주소서
시간 관리를 잘하게 하소서
암기력 · 이해력 · 집중력을 키우게 하소서
자율성을 키우게 하소서(게으름/미루기)
중독에서 벗어나게 하소서(TV/인터넷/게임)
시험대비(중간고사 | 기말고사)
수시전형을 위하여

인내심과 집중력을 주소서

보라 인내하는 자를 우리가 복되다 하나니 너희가 욥의 인내를 들었고 주께서 주신 결말을 보았거니와 주는 가장 자비하시고 긍휼히 여기는 자시니라 - 야고보서 5:11

사랑과 은혜가 충만하신 하나님 아버지!

매일 우리의 삶을 돌보시고 인도하시는 하나님의 성실하신 사랑과 은혜에 감사드립니다. 하나님 아버지의 따뜻한 손길이 ○○(이)의 삶에까지 뻗치길 소망합니다. ○○(이)가 공부를 진득하게 하지 않고 금방 싫증을 내는 습관을 바로잡아 주옵소서. 어려운 문제를 풀어야할 때면 금세 포기하려고 하고 자신이 자주 틀리는 문제를 끝까지 해결하려고 하지 않습니다.

하나님 아버지!

○○(이)에게 인내심이 필요하오니 허락하여 주옵소서. 반복되는 기본 학습을 인내하여 더 심화된 개념으로 나아갈 때 어려움이 없게 하옵소서. 책상에 오래 앉아있지 않고 들락거리며 앉았

다 일어났다 하는 ○○(이)를 볼 때 제 마음이 답답합니다. 저 역시 ○○(이)를 향해 인내하며 평안하게 기다려 줄 수 있길 원합니다. 우리의 부족함과 연약함을 오래 참으시고 인내하셨던 예수 그리스도의 사랑을 본받아 ○○(이)의 부족한 인내심을 위해 기도하게 하옵소서.

○○(이)가 반복학습을 즐겁고 기쁜 마음으로 견뎌내게 하시고 인내를 통해 자신의 한계를 뛰어넘도록 도와주옵소서.

입시준비를 통해 배운 인내와 좋은 습관들이 ○○(이)가 일생을 사는 동안 귀한 밑거름이 될 수 있기를 소망합니다. 책상에 앉아있는 시간도 더욱 길어지고 그 시간동안 집중하여 학업 할 수 있도록 도우시옵소서.

입시기간 뿐만 아니라 평생을 주어진 일과 관계에 인내로 승리하는 ○○(이)가 되게 하옵소서. 그리하여 주어진 생을 갑절로 활용하고 헌신하며 살게 하옵소서.

예수 그리스도의 이름으로 기도합니다. 아멘.

시간 관리를 잘하게 하소서

여호와께서 사람의 걸음을 정하시고 그 길을 기뻐하시나니 저는 넘어지나 아주 엎드러지지 아니함은 여호와께서 손으로 붙드심이로다 - 시편 37:23-24

모든 시간의 주관자 되신 창조주 하나님!
우리의 앉고 일어섬을 알고 계시고 인도하시는 하나님을 찬양합니다. 하나님께서 모든 사람에게 같은 시간을 주셨으나 우리가 게으르고 어리석어 시간 관리를 잘 하지 못한 부분을 회개하오니 용서하옵소서.

이 시간 항상 시간에 쫓기고 잠이 부족한 ○○(이)를 위해 기도합니다. ○○(이)가 모든 계획의 우선순위를 제대로 정하고 그에 따라 자신의 공부시간과 일상생활을 잘 경영할 수 있도록 지혜를 부어주시고 결단력과 순발력을 부어주옵소서.

○○(이)가 시간을 낭비하는 죄를 범치 않게 하옵소서. 부모로서 저 역시 ○○(이)를 위해 제가 해야 할 일들을 잘 준비해주되 ○○(이)를 보며 답답해 하거나 재촉하는 마음이 들지 않고 믿음의 시선으로 바라 볼 수 있는 여유를 허락해 주옵소서.

공부할 때와 기도할 때와 쉴 때를 잘 구별하게 하시고 불필요한 일에 시간을 허비하는 일이 생기지 않도록 ○○(이)의 생활을 인도해 주옵소서. 그리하여 수험생 기간을 통해 인생전체의 시간을 잘 다루는 훈련이 이뤄지게 하옵소서.

또한 짧은 시간 공부해도 능률이 오를 수 있도록 매 순간마다 최선을 다하여 후회하지 않는 시험 준비 기간이 되게 하옵소서. 항상 성령이 충만하여 지금 해야 할 일과 나중 해야 할 일을 구별하게 하시며 건강한 시간 관리를 통해 항상 여유로운 삶이 되게 하옵소서.

예수 그리스도의 이름으로 기도합니다. 아멘.

암기력 · 이해력 · 집중력을 키우게 하소서

여호와와 그의 능력을 구할지어다 항상 그의 얼굴을 찾을지어다 - 역대상 16:11

인자하신 아버지 하나님!

우리를 향하신 하나님의 무한한 사랑과 자비하심을 찬양하며 감사드립니다. 오늘도 ○○(이)의 수험생활이 강건하도록 도와주옵소서. 우리 ○○(이)의 영 · 혼 · 육이 강건하게 하옵소서. 또한 학업에 필요한 능력을 부어주시되, 먼저 이해력을 더하여 주시길 원합니다.

선생님의 가르침을 받을 때에 중요한 핵심사항을 빠르고 정확하게 이해할 수 있도록 도와주옵소서. 공부하는 동안 잡념이 들지 않고 온전히 집중하게 하옵소서.

또한 열심히 공부하고 배운 것을 외울 때 탁월한 능력을 더하여 주셔서 암기한 것을 정확하게 오래도록 기억하게 하옵소서.

암기한 것이 필요한 순간에 잘 기억나서 적절히 적용할 수 있도록 도와주옵소서. 또한 아는 것과 외운 것을 잘 활용하여 자신이 전혀 접해보지 않은 유형의 문제를 접할 때에도 당황하지 않고 잘 응용해 낼 수 있는 능력을 더해주옵소서.

공부할 때는 공부하고 쉴 때는 충분히 쉼으로써 수험생활을 건강하고 즐겁게 보낼 수 있는 지혜를 ○○(이)에게 더하여 주옵소서. 휴식을 취할 때는 잠시 공부에 대한 부담을 내려놓고 평안한 마음으로 깊은 휴식을 취하게 하옵소서.

또한 하나님 앞에 예배드리고 찬양하며 기도하는 순간에도 전심으로 집중하여 필요한 능력을 주님으로부터 공급받길 소망합니다. 제한된 시간에 많은 공부를 해야 하는 수험생 기간이지만 주님이 부어주신 능력으로 ○○(이)가 승리하게 하옵소서.

○○(이)의 영육이 강건하고 성령이 충만하기를 간절히 원하오며 예수 그리스도의 이름으로 기도합니다. 아멘.

자율성을 키우게 하소서
게으름/미루기

게으른 자는 마음으로 원하여도 얻지 못하나 부지런한 자의 마음은 풍족함을 얻느니라 - 잠언 13:4

성실하시며 진실하신 하나님 아버지!
졸지도 주무시지도 않고 우리를 눈동자와 같이 보호하시니 감사합니다. 우리의 머리카락까지 세실 만큼 우리에 대한 관심이 충만하신 아버지의 사랑에 오늘도 감격하며 찬양 올려드립니다. 하나님 아버지! ○○(이)를 사랑하시는 만큼 ○○(이)의 부족함도 잘 아시지요. ○○(이)가 할 일을 미룰 때가 많고 스스로 하지 않을 때가 많아 걱정스럽습니다. 그러다보니 자꾸 잔소리를 하게 되어 ○○(이)의 성격이 수동적으로 변하게 되었습니다. 우리 ○○(이)의 체질과 습관을 잘 아시는 하나님 아버지! ○○(이)의 연약한 부분을 더욱 만져주시고 다뤄주셔서 ○○(이)가 예수 그리스도의 성실하심을 본받게 하옵소서.

공부하고 생활하는 가운데 언제나 정성과 최선을 다할 수 있도록 도와주옵소서. 왜 공부하며 왜 인생을 살아가는지 분명한 목적과 비전이 충만하게 하셔서 세월을 허송하지 않는 ○○(이)가 되도록 붙잡아 주옵소서.

성령의 충만한 역사가 우리 ○○(이)에게 바람같이, 불길같이, 생수같이 임하여 매우 중요한 이 순간을 부지런히 보내고 능동적이며 긍정적으로 임할 수 있도록 도와주시길 간구합니다. ○○(이)에게 지적 호기심이 충만하여 새로운 것을 알아가는 즐거움을 갖게 하시고 공부하고자 하는 자발적인 마음이 샘솟게 하옵소서. 그리하여 귀한 청년의 시절을 어느 시기보다 값지고 보람 있게 보내는 ○○(이)가 되도록 인도하옵소서.

자율적이고 능동적인 수험생 기간을 통해 ○○(이)가 더욱 부지런해져서 가족과 이웃과 민족을 위해 또한 하늘나라 확장을 위해 하나님께 귀하게 쓰임 받고 행복한 생을 누리는 귀한 주의 청년으로 성장하길 소망합니다.

예수 그리스도의 이름으로 기도합니다. 아멘.

중독에서 벗어나게 하소서
TV/인터넷/게임

오직 심령으로 새롭게 되어 하나님을 따라 의와 진리의 거룩함으로 지으심을 받은 새 사람을 입으라 - 예베소서 4:23-24

은혜와 자비가 충만하신 하나님 아버지!
언제나 우리의 연약함을 아시고 도와주시는 하나님 아버지를 찬양합니다.

이 순간에도 ○○(이)를 지켜보시며 중보하시는 주님! ○○(이)가 바르고 건강한 생활을 할 수 있도록 도와주옵소서. 공부하고 잠자며 기도하기도 바쁜 때에 ○○(이)는 TV 시청과 인터넷 등에 빠져있습니다. 적절한 휴식은 도움이 될 것 같아 허용해 주었는데 쇼 연예프로와 드라마, 외국 영화 등에 빠져있는 것 같습니다. 또한 인터넷을 한 번 시작하면 그칠 줄 모릅니다. 온라인 게임에 필요 이상의 시간과 에너지를 쏟습니다. ○○(이)의 승부욕이 공부가 아닌 게임에 집중되어 있는 것 같습니다.

무엇보다 이러한 일에 마음과 생각이 빠져서 ○○(이)의 정신건강과 육체 건강을 해치게 될까 걱정됩니다. 성품에도 장애가 오는 것 같아 속이 상합니다.

하나님 우리 ○○(이)가 그릇된 생활습관을 미련 없이 떨치고 공부에 집중하게 하옵소서. 학업에 즐거움을 느끼게 하시고 시간 관리를 잘할 수 있도록 도와주옵소서.

나사렛 예수 그리스도의 이름으로 명하노니, 허탄한 데 마음을 빼앗기게 하는 원수 사단은 ○○(이)의 마음과 습관에서 떠나갈지어다!

평안의 하나님께서 ○○(이)의 마음을 주장해 주시고 평안으로 다스려주옵소서. 그리하여 매일의 삶을 보람되게 보낼 수 있도록 ○○(이)를 붙잡아 주시옵기를 간구합니다.

혹시 ○○(이)의 마음에 허전함이 있고 외로움이 있다면 그것을 하나님과의 깊은 교제로 풀어갈 수 있도록 성령님 더욱 불쌍히 여기시고 인도해 주옵소서. 예수 그리스도의 이름으로 기도합니다. 아멘.

시험대비
중간고사/기말고사

지혜 있는 자는 강하고 지식 있는 자는 힘을 더하나니 - 잠언 24:5

지혜와 명철의 근본이신 아버지 하나님!

○○(이)가 △△고사를 준비하며 공부를 하고 있습니다. 입시 과목을 공부하는 것만으로도 벅찰 텐데 여러 교과목들을 공부하고 시험을 치러야 합니다. 그동안 여유롭지 못한 일상에 쫓겨 △△고사 준비를 철저히 하지 못하였습니다. 고단해 하는 ○○(이)에게 새 힘을 부어 주옵소서. 비록 실력은 부족하오나 하나님께서 도와주신다면 좋은 성적을 거두게 될 줄 믿습니다.

△△고사는 대입에서 내신의 일정 비율을 반영하는 학교도 있기에 대충 볼 수 없는 시험입니다. ○○(이)가 배우고 공부했던 것들을 최대한 발휘할 수 있게 도우시옵소서. 주요 과목이 아닌 과목에도 최선을 다하는 마음으로 공부하길 원합니다.

좋은 성적을 받는 것만이 목표가 되지 않도록 ○○(이)의 마음을 지켜 주옵소서. 입시 때문에 마지못해 공부하지 않도록 ○○(이)가 공부하는 목적을 바로 세워 주시길 원합니다. 또한 공부와 시험을 주관하시는 이가 하나님이심을 깨달아 알게 하옵소서. 그리하여 공부하기 전과 시험을 치르기 전에 하나님의 도우심을 구하는 기도를 먼저 올려드리는 신실한 믿음의 자녀가 되게 하옵소서. △△고사가 지금까지 배우고 공부한 것을 확인받고 되새기는 기회가 되게 하옵소서. 시험을 통해 자신의 실력을 정당히 평가받도록 도와주시길 간구합니다. 본인의 가장 취약한 부분과 탁월한 부분을 파악하여 입시를 준비하는 데에 힘이 되게 하옵소서. ○○(이)가 △△고사에 대한 부담감으로 고통 중에 있습니다. 학생으로서 마땅히 감당해야 할 짐이지만 그것을 믿음으로 내려놓을 때 주님께서 대신 짊어져 주실 것을 믿습니다. 주어진 시간과 상황에 최선을 다하는 ○○(이)가 되길 간절히 소망합니다.

○○(이)의 연약함을 체휼하시는 예수 그리스도의 이름으로 기도합니다. 아멘.

수시전형을 위하여
추천자 전형 | 특기자 전형

우리가 알거니와 하나님을 사랑하는 자 곧 그 뜻대로 부르심을 입은 자들에게는 모든 것이 합력하여 선을 이루느니라 - 로마서 8:28

마음에 소원을 주시는 하나님!
간절히 바라는 마음에 응답해 주시는 하나님께 감사함으로 간구합니다. ○○(이)가 하나님의 계획에 순종하는 마음으로 최선을 다하여 수시모집 △△△전형을 준비하고 있습니다. 흡족한 실력은 아니지만 오히려 부족한 부분을 채워주실 은혜를 기대하며 도전하게 하시고 주님의 뜻 안에서 아름다운 열매를 맺게 하옵소서.

높은 경쟁률에 주눅 들지 않도록 ○○(이)의 마음을 다잡아 주시기 원합니다. 실패하게 될까봐 걱정하는 마음을 이겨내게 해주시고 미래에 대해 미리 걱정하지 않고 지금 주어진 과정과 상황에 최선을 다하게 해주세요. 넉넉히 이기게 하실 승리의 하나님을 묵상하며 나아가게 하옵소서.

뿌린 것을 거두게 하시고 합당한 보상을 내리시는 주님이신 줄을 믿습니다.

○○(이)는 그동안 수시를 준비하느라 입시공부는 따로 하지 못했습니다. 이번에 합격하지 못하여 정시모집에 응시하게 되더라도 낙망하지 않도록 ○○(이)를 붙잡아 주세요.

○○(이)가 끝까지 포기하지 않고 남은 공부에 주력할 수 있기를 소망합니다. 대입에 빨리 통과하는 것보다 하나님 뜻에 순종하는 것이 더 중요하다는 것을 깊이 깨닫게 하옵소서.

○○(이)가 두렵고 떨릴지라도 시선을 하나님께 고정하여 크고 놀라운 능력을 체험하게 해주시옵소서. ○○(이)와 함께 수시모집에 응시하는 친구들에게도 용기를 주셔서 최선을 다해 시험에 응하도록 도와주세요.

가장 적합하고 선한 것을 허락해 주실 것을 믿으며 예수 그리스도의 이름으로 기도합니다. 아멘.

아무 것도 염려하지 말고
다만 모든 일에 기도와 간구로,
너희 구할 것을 감사함으로 하나님께 아뢰라
그리하면 모든 지각에 뛰어난
하나님의 평강이
그리스도 예수 안에서
너희 마음과 생각을 지키시리라

빌립보서 4:6~7

4장

수능시험을 위하여

영역별 기도
- 언어영역 1
- 언어영역 2
- 수리영역
- 외국어영역
- 사회탐구영역
- 과학탐구영역
- 예체능영역
- 논술 · 면접시험

수능시험 당일의 기도
- 지혜를 허락하소서
- 건강과 컨디션을 지켜주소서
- 최상의 시험환경이 되게 도우소서
- 자만하거나 실수하지 않도록 인도하소서
- 정직하게 시험 보게 하소서
- 감사기도를 드리게 하소서
- 좋은 결과를 구합니다

언어영역 1

온 땅의 언어가 하나요 말이 하나였더라 - 창세기 11:1

언어의 창조자이신 하나님 아버지!
○○(이)가 공부하는 언어영역에 기름 부어 주시옵소서. ○○(이)에게 모국어와 우리 문학을 사랑하는 마음을 갖게 하사 좋은 책들을 스스로 찾아 읽어 언어영역에 필요한 감각을 자연스럽게 익히게 하옵소서. 그리하여 ○○(이)의 삶과 인생 전체에 영향을 미칠 좋은 작품들을 이 시기에 많이 접할 수 있도록 인도하여 주옵소서.

먼저 문학에 대한 관심에서부터 ○○(이)의 공부가 출발되길 소망합니다. 시험에 대비해야 하는 필요에 의해서만 단순히 지식을 습득하는 것이 아니라 즐기며 공부할 수 있도록 도와주옵소서. 이제 수험생이 되고 보니 좀 더 구체적인 지식이 필요합니다.

언어영역 시험에 필요한 논리력, 이해력, 핵심 문장을 찾은 능력, 문장배열 능력 등이 더욱 강화되길 소망합니다.

한자어와 고사성어, 고전문학과 시가, 문법과 맞춤법 등을 성실하게 공부할 때에 암기력과 이해력을 더 하여 주시고. 실용적인 비문학을 공부할 때는 논리적인 구조를 잘 파악할 수 있도록 사고력과 이해력을 더하여 주시옵소서.

문학부분을 공부할 때에는 미적인 구성과 상징들을 자연스럽게 이해하고 느낄 수 있는 감성을 더 하여 주옵소서.

○○(이)가 자신의 삶과 관계에 사랑을 기초로 하여 깊은 지적 호기심을 가질 수 있도록 도와주옵소서. 인문, 사회, 과학, 예술, 과학, 철학, 예술 등에 폭 넓은 관심을 가지고 입시공부로서의 언어영역이 아닌 소통과 이해에 대한 열망으로 공부할 수 있도록 도와주옵소서. 모든 학문의 기초가 되는 언어와 문학 실력이 ○○(이)에게 탄탄하게 배양되게 하옵소서. 예수 그리스도의 이름으로 기도합니다. 아멘.

언어 영역 2

이들로부터 여러 나라 백성으로 나뉘어서 각기 언어와 종족과 나라대로 바닷가의 땅에 머물렀더라 - 창세기 10:5

우리 인생의 주관자이신 하나님 아버지를 의지하며 찬양 드립니다. 지난 ○○ 개월 동안 수능을 앞두고 사랑하는 ○○(이)를 붙잡아 주시고 건강과 지혜를 주심을 감사드립니다.

모든 것이 주님의 은총과 섭리 가운데 시간 시간 달려올 수 있었기에 더욱 감사를 드립니다.

지금까지의 모든 수고가 오늘 수능 시험의 결과로 대학 입시가 결정이 됩니다.

주여!
은혜를 베푸사 ○○(이)에게 지혜와 지식과 총명을 주시옵소서. 주님의 능력 안에서 첫 시간을 잘 열어가게 하시고 끝까지 잘 마무리 하도록 붙잡아 주시옵소서.

두렵고 떨리는 마음을 다잡아 주시고 아는 문제도 성급하게 풀지 않게 하시며 모르는 문제라도 침착함을 잃지 않도록 도와주셔서 놓치는 문제가 하나도 없게 하옵소서.

주여!
○○(이)가 단어와 행간을 잘 살피게 하시고 문장의 의미를 잘 파악하게 하셔서 출제자가 의도하는 핵심이 보이게 하여 주시옵소서. 혹시라도 난해한 문제에 집착하여 시간을 헛되이 낭비하지 않게 하시고 정해진 시간을 잘 분배할 수 있도록 지혜를 주시옵소서.

주여!
기록된 말씀대로 바울은 심었고 아볼로는 물을 주었으되 자라나게 하시는 이는 주님이시오니 우리 ○○(이)가 수고하고 애쓴 결과가 아름답고 풍성한 열매로 거두게 하옵소서.
예수님의 이름으로 기도드립니다. 아멘.

수리영역

너는 전략으로 싸우라 승리는 지략이 많음에 있느니라 - 잠언 24:6

사랑과 자비가 풍성하셔서 우리와 늘 함께 하시는 하나님 아버지 감사합니다. 오늘도 ○○(이)가 학업에 대한 열정과 인내를 마음에 품을 수 있도록 도와주옵소서. ○○(이)가 공부하는 수리영역을 위해 기도합니다. 수리영역 공부를 통하여 뇌가 활성화되고 더욱 논리적인 사고를 하는데 도움이 될 수 있길 소망합니다. 수학을 두려워하지 않고 즐길 수 있도록 도와주옵소서. 주님이 ○○(이)를 포기하지 않으시는 것처럼 ○○(이)가 수리영역을 포기하지 않도록 붙잡아 주옵소서. 점수가 잘 오르지 않아도 낙망하지 않고 끈기를 가지고 노력하게 하옵소서.

먼저 기본이 되는 수학공식의 암기를 물 샐 틈 없이 할 수 있도록 도와주시길 원합니다. 문제를 많이 푸는 훈련을 하여 효율적인 공부습관을 습득하게 하옵소서. 수학문제를 잘 풀기 위해서는 논리력과 이해력과 사고력이 필요합니다.

그러나 무엇보다 인내심을 가지고 한 문제 한 문제를 차근차근 풀어나갈 수 있는 성실함을 허락해 주옵소서. 어렵다고 쉽게 포기하지 않고 끝까지 문제를 해결하려고 하는 태도를 수학을 통해 익히며 그 속에서 스스로 답을 찾아가게 하옵소서.

스스로 부족한 점을 발견하고 대비할 수 있기를 소망합니다. 또한 수학공부가 입시공부만이 아니라 다음 공부의 연장이며 논리적 사고의 기반이 되는 것을 기억하여 즐거운 마음으로 공부할 수 있도록 도와주옵소서.

우리 ○○(이)가 입시공부에 치여 영육이 메마르는 일 없게 하옵소서. 자신에게 주어진 비전을 향해 가는 길의 소중함을 알게 하사 수학공부의 중요함을 제대로 인식하고 자발적 즐거움으로 공부할 수 있도록 도와주옵소서. 예수 그리스도의 이름으로 기도합니다. 아멘.

외국어영역

듣는 귀와 보는 눈은 다 여호와께서 지으신 것이니라 - 잠언 20:12

인간의 소통을 주관하시고 다스리시는 하나님!
우리 조상들의 교만으로 바벨탑 사건이 있은 후 세계는 언어가 혼잡해졌고 서로의 말을 알아들을 수 없게 되었습니다. 그러나 하나님께서 외국어에 능통한 자들을 보내주셔서 통역과 번역을 통해 소통의 길을 열어주셨습니다.

외국어영역을 공부하고 시험을 준비하는 우리 ○○(이)가 하나님께 더욱 겸손하길 원합니다. 또한 세계적으로 쓰임 받을 준비를 하는 성실한 자세로 공부와 시험에 임하길 소망합니다. ○○(이)에게 보다 넓은 세상을 향한 비전을 심어주셔서 세계 각 나라를 가슴에 품고 기도하는 ○○(이)가 되게 하옵소서.

하나님 아버지! 입시를 준비하는 ○○(이)가 외국어영역을 공부하는 데 많은 어려움을 겪고 있습니다. 먼저 어휘와 어법과 구문을 공부할 때 암기력과 이해력을 더해주셔서 성실한 기초를 쌓게 하옵소서. 독해를 할 때에는 주어진 지문을 읽고 내용을 신속하고 정확하게 파악하도록 순발력과 언어적 재능을 더하여 주옵소서. 듣기 실력 또한 향상시켜 주셔서 단어 하나 놓치지 않고 들을 수 있도록 귀를 열어주시길 원합니다.

○○(이)는 영어공부를 오래 전부터 해왔지만 성과가 그만큼 빨리 나타나지 않던 과목이었습니다. 시험을 볼 때 그동안 공부했던 것들이 잘 기억나게 하시고 독해할 때에 지혜를 더하여주셔서 우리말을 대하듯 편안하게 해석할 수 있도록 도와주옵소서. 무엇보다 실수하지 않게 하셔서 아는 문제를 틀리는 일 없게 하옵소서.

한 번도 접하지 않은 문제 유형을 만났을 때에는 유연한 이해력과 응용력을 더하여 주셔서 그동안의 수고와 기도가 헛되지 않은 좋은 성적을 얻을 수 있게 하옵소서. 예수 그리스도의 이름으로 기도합니다. 아멘.

사회탐구영역

너는 진리의 말씀을 옳게 분별하며 부끄러울 것이 없는 일꾼으로 인정된 자로 자신을 하나님 앞에 드리기를 힘쓰라 - 디모데후서 2:15

하나님 아버지, 우리 ○○(이)가 이렇게 장성하여 입시를 앞두게 해주심을 감사드립니다. 이제 ○○(이)도 이 사회와 시대에 하나님 앞에 귀하게 쓰임 받는 일꾼이 될 수 있기를 간절히 소망하며 ○○(이)가 공부하는 사회탐구영역을 위해 기도합니다. 사회탐구영역은 이해해야 할 것도 외워야 할 것도 많습니다. 국사와 근현대사와 세계사는 물론이고 법과 윤리, 사회문화, 정치, 경제, 세계지리, 한국지리를 이해해야 하며 또 이해한 것을 암기해야 합니다.

주님!

○○(이)가 사회탐구영역을 공부할 때에 더욱 집중력과 이해력과 암기력을 발휘할 수 있도록 도와주옵소서.

○○(이)가 성실하고 겸손한 자세로 사회탐구 영역의 공부를 감당할 수 있도록 인내력을 주옵소서. 그리하여 습득한 기본개념을 통해 암기하고 문제를 풀며 즐겁게 공부할 수 있도록 도와주시길 원합니다.

사회탐구 공부가 책 위에서만 펼쳐지는 것에 그치지 않고 공부한 내용을 통해 ○○(이)가 몸담고 있는 사회를 이해할 수 있게 하옵소서. 한참 세계관이 형성되는 중요한 시기에 접하는 과목들이오니 올바른 세계관과 비전을 정립할 수 있도록 인도하시고 도와주옵소서.

입시를 위한 공부가 건전한 인격형성과 연결되며 하나님의 나라와 의를 위한 것은 물론이고 국가와 민족을 위해서도 쓰임 받을 수 있도록 ○○(이)에게 충만한 은혜를 부어주옵소서.

이제 어릴 때부터 공부하고 단련한 것들이 좋은 결과로 드러나길 소망합니다. 알지 못했던 문제가 나오더라도 잘 응용하고 적용해서 지혜롭게 해결할 수 있도록 탁월한 능력과 지혜를 더하여 주옵소서. 예수 그리스도의 이름으로 기도합니다. 아멘.

과학탐구영역

네가 하늘의 궤도를 아느냐 하늘로 하여금 그 법칙을 땅에 베풀게 하겠느냐 - 욥기 38:33

천하 만물을 창조하시고 돌보시는 하나님!
하나님의 창조 섭리를 찬양하며 감사드립니다. 주께서 지으신 만물을 통해 우리 인간을 얼마나 섬세하게 사랑하시는지 깨닫습니다.

이 시간 ○○(이)의 과학탐구영역 공부를 위해 중보합니다. 지혜의 근본이 되시며 만물의 근원이 되시는 하나님 아버지! ○○(이)의 과학탐구영역 공부에 특별한 은총을 베풀어 주옵소서.

○○(이)가 과학탐구를 공부할 때 기본 원리를 익히는 과정에서 재미를 느낄 수 있도록 도와주시길 원합니다. 과학탐구에는 물리, 화학, 생물, 지구과학 등의 세부영역이 있습니다. 물리를 공부할 때는 물리학 단어들의 정의를 정확히 암기하고 공식을 잘 활용할 수 있게 하옵소서.

화학을 공부할 때는 암기와 이해가 조화를 이루게 하시고, 생물을 공부할 때는 꼭 필요한 과목들을 잘 암기할 수 있는 지혜를 주옵소서. 또한 지구과학을 공부할 때는 공간 지각력과 더불어 통찰력과 암기력을 고르게 더하여 주옵소서.

이토록 이해해야할 것도 많고 암기할 것도 많은 과학탐구 영역입니다. 공식도 많고 용어도 많고 추상적 개념들을 이해하고 적용해야 하기에 공부에 재미가 느껴지지 않을 수도 있습니다.

○○(이)가 과학탐구영역을 공부할 때에 하나님의 창조섭리에 감탄하며 그 신비를 배워가게 하셔서 지치지 않고 기쁘고 감사하는 마음으로 공부할 수 있도록 ○○(이)의 마음과 생각을 다스려 주시길 간구합니다.

이러한 과정을 통해 천지를 창조하시고 인간을 만드신 하나님의 목적을 깨닫고 느끼게 하옵소서. 그리하여 ○○(이)가 하나님 앞에 성실하고 겸손한 일꾼으로 쓰임 받는 일꾼 되기를 소망합니다.

예수 그리스도의 이름으로 기도합니다. 아멘.

예체능영역

일어나라 빛을 발하라 이는 네 빛이 이르렀고 여호와의 영광이 네 위에 임하였음이니라 - 이사야 60:1

주님의 지으신 해와 별과 달들이 어찌 그리 아름다운지요. 하나님은 가장 창조적이고 멋진 예술가이십니다. 우리 ○○(이)에게 다른 이들과는 색다른 달란트를 주셔서 예체능의 길에 들어서게 해주신 것을 감사드립니다. ○○(이)는 학업과 함께 예체능 실기시험도 준비해야합니다. ○○(이)가 학업과 예체능 실기 점수 모두 최선을 다해서 좋은 결과를 얻을 수 있도록 친히 그 길 인도하옵소서.

실기점수와 필기점수 모두 치우치지 않고 고른 점수를 얻을 수 있도록 도와주옵소서. 실기 준비를 하는 과정에서 좋은 선생님과 친구들을 만나서 ○○(이)가 가진 재능을 더욱 잘 발휘할 수 있도록 하옵소서.

하나님 아버지!

실기 시험은 여러 가지 변수가 있습니다. ○○(이)에게 주어질 시험의 주제를 우리는 알지 못합니다. 어떤 주제가 주어지든지 당황하지 않고 능숙하게 해낼 수 있게 하옵소서. 예상치 못한 상황과 만나더라도 그때에 필요한 능력을 부어주셔서 지혜롭게 표현할 수 있도록 도와주옵소서. 그러기 위해서 ○○(이)가 실기시험에 필요한 기본기를 탄탄히 세워가길 소망합니다.

아무리 공을 들여 준비하였어도 그날에 하나님께서 도우지 아니하시면 아무 소용없는 줄 압니다. ○○(이)가 자신의 실력만 믿고 자만하여 실패하는 일 없게 하옵소서.

하나님을 믿고 의뢰하여 승리와 합격의 기쁨을 맛보게 되길 소망합니다. 실기시험 당일에 실수하지 않게 하시고 평소 ○○(이)가 연습하고 단련한 기량을 다 펼칠 수 있는 후회 없는 시험이 되게 하옵소서. ○○(이)에게 순발력을 주시고 창의력을 주셔서 주어진 재능을 잘 발휘 할 수 있도록 인도해 주옵소서.

예수 그리스도의 이름으로 기도합니다. 아멘.

논술 · 면접시험

내 마음이 좋은 말로 왕을 위하여 지은 것을 말하리니 내 혀는 글솜씨가 뛰어난 서기관의 붓끝과 같도다 - 시편 45:1

말씀으로 세상을 창조하신 하나님 아버지!

○○(이)에게 언어를 다루는 탁월한 능력을 허락하여 주옵소서. ○○(이)가 논술과 면접시험을 철저히 대비하여 수험생으로서 유종의 미를 거두게 하여주시길 간구합니다. 입시의 마지막 관문이라고 할 수 있는 논술과 면접시험은 합격의 당락을 가름할 만큼 중요합니다. ○○(이)가 논술·면접시험을 준비하기 전에 먼저 성경말씀을 사모하여 주야로 묵상하는 자가 되게 하옵소서. 성경에는 하나님의 진리와 생명의 근원이 되는 언어가 가득하오니 ○○(이)가 성경 말씀을 통해 논리력과 사고력을 쌓아가게 하옵소서.

세상의 좋은 책들을 통해서도 감수성과 논리력과 창의성을 키워 나갈 수 있도록 인도해주옵소서. 신문과 시사프로그램을 접하여 학문적 지식 외에 일반상식과 사회 문제에도 폭넓은 정보를 습득하게 하옵소서. 또한 ○○(이)에게 사회적 구조와 현실의 문제를 해석하고 평가할 수 있는 안목을 키워주시길 원합니다. 무엇보다 이 세계를 바라보는 관점이 하나님을 믿는 신앙인답게 하옵소서.

논술문을 쓸 때에 긍정적이고 창의적인 생각이 드러난 돋보이는 문장을 서술하게 하옵소서. 면접을 볼 때에는 말을 더듬지 않고 자신의 생각을 면접관에게 또박또박 전달할 수 있도록 입술을 주장하여 주옵소서.

논술시험 준비를 통해 ○○(이)의 문학성이 증대되게 하시어 글로써 늘 자신을 반성하고 통찰하며 삶을 뒤돌아보는 사려 깊은 사람으로 성장하게 하옵소서. 면접시험 준비를 통해서는 언변과 화술에 통달하여 그 능력을 하나님의 일을 위해 사용하며 선한 영향력을 끼치는 자로 살게 하옵소서. 하나님께 영광 돌리는 자로 쓰임 받게 하실 주님께 감사 찬양 올려드립니다. 예수 그리스도의 이름으로 기도합니다. 아멘.

수능시험 당일의 기도
지혜를 허락하소서

내가 말하는 것을 생각해 보라 주께서 범사에 네게 총명을 주시리라 - 디모데후서 2:7

　지혜와 명철이 한이 없으신 하나님 아버지!
　사랑하는 ○○(이)가 오늘 수능 시험을 봅니다. 아침부터 저녁까지 주님의 능력의 손으로 붙드시고 조금도 피곤치 않도록 새 힘을 더하여 주시옵소서. 지금까지 갈고 닦은 실력을 유감없이 발휘하도록 지혜와 명철을 주시고 능력의 손으로 안수하여 주시옵소서.

　주님, 알고 있는 문제라고 덤벙거리다 실수하지 않게 하시고 침착하게 풀어 나가도록 도와주시옵소서. 주여, 시간을 잘 배분하게 하시고 출제자의 의도를 잘 파악하여 정답을 잘 찾아내도록 도와주시옵소서. 지금까지 깊은 잠을 못자고 수능을 준비해 왔사오니 그 수고가 헛되지 않도록 은총을 베풀어 주시옵소서.

주여, 너무 긴장하지 않게 하시고 자신감을 가지고 시간 시간을 잘 대처할 수 있도록 도와주시옵소서. 주여, 땀과 열정으로 노력하였사오니 심은 대로 풍성한 열매를 거두게 하여 주시옵소서.

성령님, 지금까지 공부한 모든 것을 잘 생각나게 하셔서 가슴 치며 후회함이 없도록 도와주시고 범사에 감사하며 주님을 인정하는 ○○(이)가 되도록 은혜를 베풀어 주시옵소서. 앞으로도 인생길에 많은 시험과 어려움이 닥칠지라도 믿음의 주요 온전케 하시는 주님만을 바라보게 하시고 준비된 자에게 주시는 주님의 은총을 누리는 복된 인생이 되게 하옵소서.

주님, 이 시간 ○○(이)에게 필요한 것은 오직 주님이 주시는 평강과 지혜이오니 주여, 은혜를 베풀어 주시옵소서. 능력의 손으로 안수하여 주시옵소서. 모든 것을 주님께 맡깁니다. 예수 그리스도 이름으로 기도드립니다. 아멘.

수능시험 당일의 기도
건강과 컨디션을 지켜주소서

여호와와 그 능력을 구할지어다 그 얼굴을 항상 구할지어다 - 역대상 16:11

세상을 창조하시고 우리를 지으신 하나님 아버지! 하나님의 놀라운 창조섭리를 찬양합니다. 이렇게 귀한 오늘 우리 ○○(이)가 수학능력시험에 임할 수 있도록 인도하심을 감사드립니다. 하나님 아버지! 우리 ○○(이)는 평소 △△가 연약합니다. 그러나 하나님은 치료하시는 분이시며 자비와 긍휼이 넘치는 분이시오니 오늘 ○○(이)의 아픈 곳을 평소보다 더 굳건히 보호해 주셔서 시험에 방해가 되지 않게 하옵소서.

뇌가 활성화됨으로 정신이 맑아져서 시험을 치르는 동안 기억력과 이해력이 잘 발휘되게 하옵소서. 위장이 강건하여 소화가 잘 되고 용변의 문제들에 불편함이 없게 하옵소서. 뼈와 근육에 운동력이 있게 하시고 긍정적인 에너지가 샘솟게 하옵소서. 또한 감기 증세로부터 보호하여 주옵소서. 그 어떤 육체적 질병에도 갑작스럽게 시달리는 일이 없게 하옵소서.

○○(이)가 장시간 집중하고 앉아서 시험 봐야 합니다. 머리가 무겁거나 허리가 아프지 않도록 보호하여 주셔서 시험시간 내내 편안하게 하옵소서. 또한 시야를 맑게 밝혀주셔서 문제지를 풀고 답을 기입할 때 실수가 없게 하시며, 귀를 활짝 열어주셔서 듣기 평가를 할 때와 시험 감독관 선생님의 지도를 받을 때 꼭 필요한 것을 원활히 들을 수 있게 하옵소서.

무엇보다 평소 앓고 있던 지병으로부터 완벽히 보호하옵소서. 시험에 방해가 될 만한 것은 그 몸에서 어떤 것도 그대로 두지 마옵소서. 오직 성령의 사랑과 은혜가 ○○(이)의 온몸과 마음과 생각에 충만하길 소망합니다. ○○(이)가 감사하는 마음으로 평온하고 건강하게 시험을 치를 수 있게 하옵소서.

지금 이 시간 ○○(이)를 지켜 보호하시는 예수 그리스도의 이름으로 기도합니다. 아멘.

수능시험 당일의 기도
최상의 시험환경이 되게 도우소서

너의 길을 여호와께 맡기라 저를 의지하면 저가 이루시고 - 시편 37:5

우리의 생사화복을 주관하시는 아버지 하나님!
오늘은 전국의 수험생들이 수학능력시험에 응시하는 날입니다. 오늘 하루 내내 좋은 기후를 주셔서 전국의 수험생 모두 평안한 가운데 시험을 치를 수 있도록 도와주옵소서.

특별히 우리 ○○(이)가 수학능력시험을 치를 수 있게 해주신 은혜에 감사드립니다. ○○(이)가 지각하지 않고 시험장에 무사히 도착할 수 있도록 도와주옵소서.

같은 교실에서 시험을 치르는 친구들과 화평하게 하시고 선한 시험 감독관을 만나 평온한 마음으로 시험에 임할 수 있도록 주관하여 주옵소서. 시험을 치르는 교실의 환경을 최상의 환경으로 인도해 주시길 소망합니다.

○○(이) 몸 상태가 그 어느 때보다 건강하고 개운하여 시험을 치는 데 어려움이 없도록 세밀하게 보살펴 주옵소서. 심리적으로 긴장하지 않게 하시고 아는 문제는 자신감으로, 모르는 문제는 슬기로움으로 대처할 수 있도록 매 순간마다 도와주옵소서.

시험 보는 하루 내내 머리가 맑고 위장이 편안할 수 있도록 건강을 돌봐주시길 간구합니다. 또한 쉬는 시간을 잘 활용하여 화장실에 다녀오고 휴식을 취한 뒤 다음 시험시간을 위해 마음의 안정을 찾을 수 있게 하옵소서. 특히 ○○(이)가 전 시간의 시험을 생각하느라 다음 시간의 시험에 집중력이 흐려지지 않도록 쉬는 시간마다 마음을 다스려 주옵소서.

오늘 하루 ○○(이)의 길을 세밀하게 인도해 주시고 보살펴 주시기를 간구합니다. 주님만이 우리 삶의 주관자 되심을 고백하오며 우리 주 예수 그리스도의 이름으로 기도합니다. 아멘.

수능시험 당일의 기도
자만하거나 실수하지 않도록 인도하소서

하나님의 말씀은 다 순전하며 하나님은 그를 의지하는 자의 방패시니라 - 잠언 30:5

합력하여 선을 이루시는 하나님 아버지!
오늘 시험을 치르는 ○○(이)을 위해 간절한 마음으로 중보합니다. ○○(이)가 긴장하지 않고 안정된 상태로 시험에 임할 수 있도록 도와주옵소서. 시험을 시작하기 전 ○○(이)가 기도로 마음을 가다듬을 때에 주님의 평안으로 충만하게 하시기를 원합니다. 시험지를 받은 순간부터 제출하는 순간까지 ○○(이)가 하나님만 의지하고 도움을 구하게 하옵소서.

○○(이)가 쉬운 문제에 자만하여 실수하지 않게 하시고, 모르는 문제를 만났다고 낙심하지 않길 소망합니다. 어려운 문제를 만나 확신이 서지 않고 힘들 때 응용력과 융통성을 주시고 기억력

을 회복시켜 주셔서 상황에 맞게 문제를 잘 해결해 나갈 수 있도록 도와주옵소서. 답안지에 이름을 빼먹거나 정답을 밀려서 표기하는 등의 실수를 하지 않도록 ○○(이)의 손길을 주장해 주시길 간절히 원하고 기도합니다.

과목마다 정해진 시간 안에 문제풀이를 잘 하여서 꼼꼼히 검토할 시간도 허락해 주시옵소서. 적당히 시간을 배분하는 지혜를 주셔서 시간에 쫓기지 않고 시험을 치를 수 있도록 도우시옵소서.

이 시험을 통하여 ○○(이)가 자신의 인생을 더욱 신중히 여기고 기도하며 살아가는 귀한 삶이 되게 하옵소서. 이제까지 열심히 공부하며 준비한 시험에서 어느 때 보다도 좋은 결과를 얻을 수 있도록 도와주옵소서.

○○(이)의 모든 연약한 것을 도우시고 긍휼히 여겨주시기를 간절히 바라며 예수 그리스도의 이름으로 기도합니다. 아멘.

수능시험 당일의 기도
정직하게 시험 보게 하소서

모든 지킬 만한 것 중에 더욱 네 마음을 지키라 생명의 근원이 이에서 남이니라
- 잠언 4:23

성실과 정직으로 우리를 인도하시는 하나님!
언제나 변함없는 사랑으로 우리를 돌봐주시는 신실하신 하나님의 은혜에 감사드립니다. 이 시간 시험을 치르는 전국의 수험생들에게 정직의 영을 부어주시길 원합니다. 거짓말로 참소하는 사단의 영에 마음이 사로잡혀 부정행위를 저지르는 학생이 없게 하옵소서. 성령 하나님께서 시험장마다 찾아가셔서 다스려 주시길 원합니다.

○○(이)가 더욱 정직한 자세로 시험에 임하게 하옵소서. 특히 다른 사람의 답안을 엿보려는 유혹을 잘 이겨내도록 도와주옵소서. 스스로 준비하고 공부하지 않은 것에는 욕심을 내지 않도록 그 마음을 지켜주셔서 평생토록 후회할 부정행위의 죄를 범하지 않게 하옵소서. 또한 ○○(이)의 앞,

뒤, 옆자리에서 함께 시험을 치르는 학생들도 ○○(이)의 답안을 컨닝하지 않도록 지켜주시길 간구합니다. 이 순간 ○○(이)가 어떠한 시험에도 들지 않도록 도와주옵소서. 불필요한 것에 마음을 쏟지 않고 오직 자신의 시험지와 답안지에만 집중하여 최선의 시험을 치르게 하옵소서.

하나님! ○○(이)가 나름대로 애쓰며 시험 준비를 오랜 시간 해왔지만 부족한 것이 많습니다. 어렵거나 모르는 문제를 만났을 때 실망하여 낙담하지 않게 하옵소서. 할 수 있다는 긍정적인 생각으로 적극적으로 문제를 풀 때 성령님께서 도와주옵소서. 또한 지혜가 부족하여 기도할 때에 꾸짖지 않고 후히 알려주시는 하나님의 은혜를 체험하여 간증하게 하옵소서. ○○(이)가 공부했던 것을 잘 기억해 낼 수 있도록 은총을 베풀어 주옵소서. 이 시험을 통해 ○○(이)가 정직한 시험의 선한 결과를 배우며 자신의 부족한 부분을 발견하여 인생의 밑거름으로 삼을 수 있길 원합니다. ○○(이)는 하나님의 자녀이오니 지혜와 명철을 더하여 주시고 선한 길로 인도해 주옵소서. 예수 그리스도의 이름으로 기도합니다. 아멘.

수능시험 당일의 기도
감사기도를 드리게 하소서

또 무엇을 하든지 말에나 일에나 다 주 예수의 이름으로 하고 그를 힘입어 하나님 아버지께 감사하라 - 골로새서 3:17

은혜와 자비가 풍성하신 하나님 아버지!
○○(이)가 이제까지의 수험생 기간을 무사히 보내고 수학능력시험을 치를 수 있도록 인도하신 은혜에 감사드립니다. 하나님께서 ○○(이)를 이 날까지 보호해 주시고 공부할 수 있도록 도와주셔서 오늘에 이르게 하셨습니다. 한글도 모르고 자기 이름도 쓸 줄 모르던 어린 아이였던 ○○(이)가 하나님의 은혜로 키와 지혜가 자라며 장성했음도 감사드립니다.

하나님!
○○(이)가 시험을 준비하는 동안 아쉬운 점도 많고 부족한 점도 많았습니다. 부모인 제가 더욱 ○○(이)를 잘 지도하고 돌봐주었어야 했는데 최선을 다하지 못했던 것을 이 시간 회개합니다.

또한 제 욕심으로 ○○(이)의 공부에 지나친 관심을 쏟은 것도 하나님 앞에 회개합니다. 하지만 이 일을 계기로 제가 하나님 앞에 ○○(이)의 비전과 사역을 위해 주님의 마음으로 중보할 기회를 주심을 감사드립니다.

하나님께 ○○(이)를 맡기오니 하나님의 은총 가운데서 하나님의 방법을 따라 사는 귀한 하나님의 자녀의 삶을 살게 하옵소서.

○○(이)가 시험을 무사히 치를 수 있도록 지켜주신 하나님께 감사드립니다. 또한 ○○(이)가 무사히 집으로 돌아올 수 있게 해주심을 감사드립니다. 이제 결과는 하나님께 내려놓습니다. 앞으로 우리 ○○(이)가 더욱 하나님과 친밀한 교제를 나누며 하나님의 말씀을 사모하고 기도하는 성령 충만한 자녀가 되게 하옵소서.

종일 시험을 치르느라 ○○(이)의 몸과 마음이 지쳐있을 텐데 충분한 휴식과 숙면을 취하여 영육이 소생되게 하옵소서.

예수 그리스도의 이름으로 기도합니다. 아멘.

수능시험 당일의 기도
좋은 결과를 구합니다

그 손의 열매가 그에게로 돌아갈 것이요 그 행한 일로 말미암아 성문에서 칭찬을 받으리라 - 잠언 31:31

우리를 의의 길로 인도하시는 선한 목자 하나님 아버지!

언제나 푸른 초장과 쉴 만한 물가로 인도하시는 주님의 은혜에 감사드립니다. 이 시간 우리 ○○(이)를 기억해 주옵소서.

초등학생 시절부터 고등학교 수험생 시절에 이르기까지 배우고 공부한 것을 이번 수학능력시험을 통해 검증받게 되었습니다. 그 많은 세월에 걸쳐 쌓아온 지식이 하루의 시험으로 평가된다는 아쉬움과 허망함이 있습니다.

하나님 아버지!

평소보다 더 많이 기도하고 집중하여 치른 시험이오니 특별한 은총을 베풀어 주옵소서.

○○(이)가 노력의 땀을 흘린 대가를 맛보게 하

여 주시길 원합니다. 이제까지 응시했던 시험 중에 최상의 점수를 받을 수 있도록 도와주옵소서. 그리하여 이 시험이 앞으로 ○○(이)의 삶 전체에 좋은 영향을 미치게 하옵소서.

○○(이)가 소망하는 대학에 진학하여 적성에 맞는 전공으로 하나님께 영광을 돌려드리길 소망합니다. 뿌린 씨앗의 열매가 정직하게 맺혔을 때 맛볼 수 있는 기쁨을 ○○(이)가 직접 맛보고 체험하게 하옵소서.

하나님 아버지!

○○(이)의 모든 삶의 계획이 주님께 있음을 고백합니다. 시험결과 뿐 아니라 ○○(이)의 인생 전체를 주께 의탁하오니 크신 두 팔로 안아 주옵소서. 인간적인 욕심으로는 높은 점수와 최상의 결과를 원하오나, 하나님의 계획과 뜻에 따라 합당한 결과를 주시길 소망합니다.

또한 우리가 그 결과를 겸손함으로 받아들이고 감사하게 하옵소서.

예수 그리스도의 이름으로 기도합니다. 아멘.

2부

수험생을 위한 기도
- 학생편 -

너는 마음을 다하여 여호와를 신뢰하고
네 명철을 의지하지 말라
너는 범사에 그를 인정하라
그리하면 네 길을 지도하시리라
스스로 지혜롭게 여기지 말지어다
여호와를 경외하며 악을 떠날지어다

잠언 3:5~6

1장

수험생의 기도

은을 단련함 같이 하소서
비전을 품게 하소서(목표하는 학교와 학과)
모든 수험생들을 위하여
수시전형을 위하여(추천자 전형 | 특기자 전형)
평안과 감사가 넘치게 하소서

은을 단련함 같이 하소서

하나님이여 주께서 우리를 시험하시되 우리를 단련하시기를 은을 단련함 같이 하셨으며 - 시편 66:10

하나님 아버지!
힘들고 어려울 때 모든 것을 포기하고 도망치고 싶은 충동을 받을 때가 있습니다. 아무리 노력해도 제자리걸음만 하고 앞으로 나가지 못할 때 내 자신이 싫어지고 왜 이렇게 힘들게 공부해야 되는지 모든 것이 원망스럽고 주저앉고 싶을 때가 있음을 고백합니다.

주님, 도와주셔서 잘 이겨낼 수 있도록 힘주시고 능력을 주시옵소서. 이렇게 어렵고 힘든 것이 저 자신만이 아니라 주변의 동료들이 많다는 것을 알게 하시고 오히려 그들을 위로할 수 있도록 도와주시옵소서.

주님, 모래위의 발자국을 생각합니다. 가장 어렵고 힘들어할 때 내가 너를 업고 지나갔다고 말씀하신 주님의 사랑을 생각합니다.

주여, 다른 사람과 비교하지 않게 하시고 오직 자신에게 최선을 다하게 하시고 대단한 것을 이루겠다는 꿈도 한 발짝 물러서서 바라볼 수 있도록 여유와 평안을 허락하여 주시옵소서.

주여, 힘들고 어려운 과정을 통하여 저의 단점과 모난 성격들이 다듬어지고 부족한 부분들을 보충해 나갈 수 있는 기회로 삼게 도와주시옵소서. 철광석은 용광로를 통하여 제련의 과정을 통과해야만 쓸모가 있듯이 계발되지 않은 저의 재능들이 다듬어지게 하옵시고 시련을 통과하지 않는 실력은 금방 무디어진다는 사실을 깨닫게 하시니 감사합니다.

주여, 힘들고 어려운 과정을 오히려 기뻐하며 즐길 수 있는 하나님의 은혜를 허락하여 주시옵소서. 주여, 오늘에 충실하게 하시고 남은 시간을 잘 사용할 수 있도록 지혜를 주시옵소서.

예수님 이름으로 기도드립니다. 아멘.

비전을 품게 하소서
목표하는 학교와 학과

너희 안에서 행하시는 이는 하나님이시니 자기의 기쁘신 뜻을 위하여 너희로 소원을 두고 행하게 하시나니 - 빌립보서 2:13

내 길의 등이요 내 발의 빛이 되신 하나님!

오늘도 내가 걸어갈 길의 등이 되어 빛을 비춰주시니 감사합니다. 방향성 없는 걸음이 아닌 목적과 비전이 심긴 걸음을 걷게 하시니 감사합니다. 저는 하나님에 의한 그리고 하나님을 위한 비전을 세우는 사람이고 싶습니다. 하나님과 함께 걷는 한 걸음 한 걸음이 저에게는 기쁨이 되고 예배가 되게 해주세요.

저는 △△대학교 □□학과에 진학하고 싶습니다. 하지만 이곳이 하나님이 원하시는 곳인지 잘 분별이 되지 않습니다. 그리고 제 실력에 합당한 목표인지도 확신이 없어 불안한 마음입니다. 저는 지금 자신감을 많이 잃은 것 같습니다. 제가 소망을 하나님께만 두게 해주세요. 회복된 심령으로 학업에 임할 수 있기를 간절히 원합니다.

세상 관점에 휩싸여 진로를 결정하거나 인간의 욕심으로 비전을 세우게 되는 일이 없도록 직접 다스려 주세요. 부모님을 만족시켜 드려야 한다는 부담감 때문에 하나님이 바라시는 것을 놓치지 않도록 도와주세요. 저를 향한 하나님의 계획이 무엇인지를 먼저 알기 원합니다. 저 자신에 대한 정확한 진단을 내릴 수 있게 하셔서 심어주신 재능과 적성에 맞는 대학교와 학과를 목표로 삼아 공부에 임하게 해주세요.

목표를 달성한 후에는 교만하게 되는 일 없길 소망합니다. 제가 한 가지 결과에 만족하여 전진을 멈추게 될까봐 두렵습니다. 또는 목표에 합당한 결과를 얻지 못하게 될지라도 시험에 들지 않길 간구합니다. 더욱 겸손하여 하나님의 뜻을 묻는 강건하고 굳건한 믿음을 제게 허락해 주세요. 주님 뜻에 합당한 새로운 목표를 다시 설정하여 열심을 다할 수 있도록 도와주세요. 예수 그리스도의 이름으로 기도합니다. 아멘.

모든 수험생들을 위하여

대저 그는 정의의 길을 보호하시며 그의 성도들의 길을 보전하려 하심이니라 - 잠언 2:8

길이요 진리이신 하나님 아버지!
우리 가는 길을 밝히 비추시고 인도하여 주시길 간구합니다. 저를 포함한 모든 수험생들이 입시 제도로 인해 불안하고 염려되는 마음이 있습니다. 제도의 잦은 변화로 입시를 대비하는 과정 가운데 어려움이 많습니다. 각종 매체에서 보도되는 내용이 우리에게 혼란을 더해줍니다. 입시 당국이 투명하고 정확한 제도를 세워 수험생 당사자와 학부모들에게 신뢰를 심어주길 소망합니다.

시험 출제 경향과 난이도에 대해 요동하지 않고 오직 하나님만 바라보고 나아가게 해주세요. 어떤 상황이든 주어진 난관을 넉넉히 이겨낼 수 있도록 늘 준비된 사람이 되고 싶습니다.

저에게 앞길을 내다볼 수 있는 지혜의 안목을 주시길 원합니다. 그리하여 하나님의 뜻과 방법을 따라 현명하게 입시를 준비해 갈 수 있도록 도와주세요. 나의 눈과 귀가 오직 하나님께만 집중되게 해주세요. 세상의 소식과 사람의 말에 휩쓸려 경솔한 판단을 내리는 어리석음을 범하지 않도록 도와주시길 간구합니다.

무엇 하나 또렷하지 않은 막막한 상황이지만 말씀에 의지하여 전진합니다. 하나님을 의지하는 이 마음이 흔들리지 않고 굳건하게 세워지길 원합니다. 같은 길을 걸어가는 수험생 친구들에게도 동일한 은혜를 허락해 주세요.

제도 앞에 우리는 약자지만 하나님이 함께하시면 강자가 될 수 있습니다. 하나님은 제도보다 크고 높으시니 아버지의 선하신 뜻대로 다스려 주세요. 모든 이름 위에 뛰어나신 예수 그리스도의 이름으로 기도합니다. 아멘.

수시전형을 위하여
추천자 전형 | 특기자 전형

우리가 알거니와 하나님을 사랑하는 자 곧 그 뜻대로 부르심을 입은 자들에게는 모든 것이 합력하여 선을 이루느니라 - 로마서 8:28

마음에 소원을 주시는 하나님!

간절히 바라는 마음에 응답주시기 위하여 기도하게 하시니 감사합니다. 저를 향한 하나님의 계획에 순종하는 마음으로 수시모집 △△△전형을 준비하였습니다. 흡족한 실력은 아니지만 오히려 부족한 부분을 채워주실 은혜를 기대하며 도전합니다. 주님의 뜻대로 일을 행하여 주시길 기도합니다.

높은 경쟁률에 주눅 들지 않도록 마음을 다지기 원합니다. 실패하게 될까봐 미리부터 걱정하는 마음을 이겨내게 해주세요. 아직 닥치지 않은 미래에 대해 앞서 걱정하지 않고 지금 주어진 과정과 상황에 최선을 다하게 해주세요. 넉넉히 이기게 하실 승리의 하나님을 묵상하며 나아갑니다.

뿌린 것을 거두게 하시고 합당한 보상을 내리시는 주님이신 줄을 믿습니다.
　그동안 수시를 준비하느라 입시공부는 따로 하지 못했습니다. 이번에 합격하지 못하여 정시모집에 응시하게 되더라도 낙망하지 않도록 저를 붙잡아 주세요.
　제가 끝까지 포기하지 않고 남은 공부에 주력할 수 있기를 소망합니다. 대입에 빨리 통과하는 것보다 하나님 뜻에 순종하는 것이 더 중요하다는 고백을 올려드리오니 이 마음 기쁘게 받아주세요.

　솔직한 심정을 고백하면 두렵고 떨립니다. 저의 시선을 하나님께 고정하여 크고 놀라운 능력을 체험하게 해주세요. 저와 함께 수시모집에 응시하는 친구들에게도 용기를 주셔서 최선을 다해 시험에 응하도록 도와주세요.
　가장 적합하고 선한 것을 허락해 주실 것을 믿으며 예수 그리스도의 이름으로 기도합니다. 아멘.

평안과 감사가
넘치게 하소서

평안을 너희에게 끼치노니 곧 나의 평안을 너희에게 주노라 내가 너희에게 주는 것은 세상이 주는 것 같지 아니하니라 너희는 마음에 근심도 말고 두려워하지도 말라 - 요한복음 14:27

평강의 아버지 하나님!
분주하고 불안정한 시기를 보내고 있는 저에게 한결같은 사랑을 부어주시니 감사합니다.

지금 이 시간에도 저의 평안을 위해 간구하시는 주님! 제게 세상이 줄 수도 알 수도 없는 평안을 허락해 주세요. 수험생이 된 이후로 제 마음은 안정이 되지 않고 불안이 차오릅니다. 평안한 날보다 초조하고 답답한 날이 더 많아졌습니다.
저의 하루하루가 평안함으로 하나님께 날마다 감사를 올려드리길 원합니다. 조건 때문에 감사하는 것이 아니라 하나님이 계신 것에 만족하며 감사하게 해주세요.

먼저 제가 지금까지 건강하게 살아오게 해주신 은혜에 감사합니다. 희로애락을 함께할 수 있는 가족과 친구를 붙여주셔서 바른 길 걸어가게 하시니 감사합니다. 공부할 수 있는 여건과 환경을 마련해 주셔서 비전을 향해 전진하게 하심 감사합니다. 주님께서는 작은 일에 감사하는 사람에게 더 큰 축복을 허락하시는 분이신 줄 압니다. 하나님! 지금 올려드린 감사의 기도를 받아주시고 저에게 평안의 은총을 부어주세요.

먼저 제 안의 믿음이 커져서 부정적인 생각이 틈타지 않게 되길 소망합니다. 사단이 뿌린 불안의 씨앗이 뿌리를 내리지 않도록 성령의 불로 태워주세요. 참 평안은 하나님 아버지로부터만 얻을 수 있음을 믿습니다. 제가 평안할 때 저의 가족도 동일한 평안을 누릴 수 있으니, 천국에서 맛볼 수 있는 평안을 지금 이곳에서도 맛볼 수 있도록 은혜를 베풀어 주시길 원합니다. 날마다 숨 쉬는 순간마다 평안을 부어주시는 주님께 감사를 드리며 우리 주 예수 그리스도의 이름으로 기도합니다. 아멘.

그를 향하여
우리가 가진 바 담대함이 이것이니
그의 뜻대로 무엇을 구하면 들으심이라
우리가 무엇이든지 구하는 바를
들으시는 줄을 안즉
우리가 그에게 구한 그것을
얻은 줄을 또한 아느니라

요한1서 5:14~15

2장

영적성장과 건강을 위하여

하나님과 교제하는 삶을 살게 하소서
하나님을 아는 지혜를 주소서
성령의 은사와 열매를 맺게 하소서
유혹을 이기게 하소서
주일 성수 하게 하소서
우울증을 이기게 하소서
자아 존중감을 갖게 하소서
스트레스와 분노를 잘 다스리게 하소서
가족관계가 원만하게 하소서
교우관계가 원만하게 하소서
사제관계가 원만하게 하소서
건강한 이성교제를 허락하소서
멘토를 위한 기도
건강을 지켜주소서 (위장장애 | 수면장애 | 두통)
외모 콤플렉스를 이기게 하소서(여드름 | 몸무게 | 키)

하나님과 교제하는 삶을 살게 하소서

나의 힘이신 여호와여 내가 주를 사랑하나이다 - 시편 18:2

사랑의 공급자 하나님 아버지께 감사와 찬양 올려드립니다. 단 한 순간도 내게서 눈을 떼지 않으시는 하나님의 따뜻한 시선을 느낍니다. 제가 지금까지 무사하고 안전하게 살아온 것은 모두 주님의 보호하심 덕분입니다.

이토록 무조건적인 사랑을 베푸시는 주님께 제가 드릴 것은 마음밖에 없습니다. 부족하고 보잘것없지만 이 마음이라도 기뻐 받아주세요. 더욱 신실하고 진실하게 하나님 앞에 설 수 있기를 원합니다.

그 무엇보다, 그 누구보다 하나님이 가장 귀하다는 고백을 진심으로 올려드리는 사람이 되고 싶습니다. 세상이 줄 수 없는 참 평안과 사랑이 하나님으로부터 나온다고 하셨으니 제가 그 평안과 사랑을 맛볼 수 있도록 허락해 주세요. 저는 아직 믿음의 분량이 작아 배워가야 할 것이 많습니다. 하나님께서 더욱 세밀히 가르쳐 주시고 채워 주실 것을 기대하며 기도합니다. 더디고 서투르더라도 저를 포기하지 마시고 붙잡아 주세요.

하나님을 만나 뵙는 그 시간이 방해받지 않도록 지켜주시길 원합니다. 주님과 저의 관계가 평생토록 변치 않고 이어졌으면 좋겠어요. 그리하여 훗날 저의 자녀들에게도 이 믿음의 유산을 남길 수 있게 해주세요.

언제까지나 저와 동행하시는 주님!
저의 세상 친구들도 하나님을 만나서 주님과 교제하는 기쁨을 누렸으면 좋겠습니다. 저와 친구들이 믿음 안에서 함께 우정을 쌓아가며 하나님에 관한 이야기들을 나누게 되길 소망합니다. 나의 친구이신 예수 그리스도의 이름으로 기도합니다. 아멘.

하나님을 아는 지혜를 주소서

지혜와 권능이 하나님께 있고 계략과 명철도 그에게 속하였나니 - 욥기 12:13

왕이신 나의 하나님!

여호와의 주권을 인정하며 경외합니다. 하나님만이 나의 주인이시며 나를 다스리실 이도 하나님이십니다.

저는 지금 수험생의 신분으로 학창시절의 가장 중요한 시기를 보내고 있습니다. 시간이 지날수록 해야 할 공부의 양이 많아지고 세세하게 준비해야 할 것이 많아 마음의 부담이 큽니다. 하지만 바쁜 일정을 핑계로 하나님을 놓치게 될까봐 두렵습니다. 모든 것을 얻어도 하나님 경외하고 사랑하는 마음을 잃으면 아무 것도 아니라는 것을 제가 기억하게 해주세요.

제가 바라는 소원은 하나님을 아는 지혜가 더욱 풍성해지는 것입니다.

세상의 지혜와 지식을 쌓아가는 것도 중요하지만 무엇보다 하나님 알아가기를 더욱 갈망하고 기뻐하는 사람이 되고 싶습니다.

제가 무엇과도 바꿀 수 없는 하늘의 지혜를 사모하게 해주세요. 하나님을 아는 만큼 믿음으로 살아가는 신앙인이 되고 싶습니다. 그리하여 하나님을 알면서도 믿음으로 살아가지 못하는 친구들에게 제가 모범이 될 수 있도록 도와주세요.

하나님이 세밀하게 가르쳐 주실 때 보는 것마다, 듣는 것마다 모두 제 안에 스며들게 해주세요. 위급할 때, 불안할 때, 낙망했을 때 하나님의 말씀을 구급약처럼 사용할 수 있도록 준비된 사람이 되길 소망합니다.

하나님을 아는 지혜가 내 안에 가득히 저장되어 다른 사람에게도 그 지혜를 흘려보내며 살게 해주세요.

지혜와 지식의 근본이신 예수 그리스도의 이름으로 기도합니다. 아멘.

성령의 은사와 열매를 허락하소서

각 사람에게 성령을 나타내심은 유익하게 하려 하심이라 - 고린도전서 12:7

살아계신 하나님 아버지!

구하면 주시고 찾으면 찾아주시고 문을 두드리면 열어주시는 성령님을 간구합니다. 지금 제 안에 찾아와 주세요. 놀라운 일을 행하실 성령님의 무한한 능력을 기대하며 초대합니다.

성령님이 함께 하시면 가만히 있어도 기운이 나고 의욕이 생겨날 것 같습니다. 친히 나를 찾아오셔서 만나주시고 격려해 주세요.

"나를 믿는 자는 성경에 이름과 같이 그 배에서 생수의 강의 솟아나리라"고 말씀하셨지요. 거칠고 메마른 저의 심정을 성령님은 잘 알고 계십니다. 마르지 않는 생수로 나를 흠뻑 적셔주시길 원합니다.

성령의 은사를 제게 부어주세요. 먼저 지혜와 지식의 은사를 주세요. 공부하는 저에게 가장 필요한 것이 지혜이고 지식입니다.

지혜의 성령님, 지식의 성령님! 제가 모르는 것을 말씀을 통해 세밀하게 가르쳐 주시길 구합니다. 그보다 더욱 갈망하는 것은 믿음의 은사입니다. 하나님을 믿는 믿음이 흔들리면 자신감을 잃어버리고 미래에 대한 확신까지도 사라져 버리기 때문입니다. 믿음의 은사가 고갈되지 않도록 도와주셔서 하나님만 붙들고 나아가게 해주세요.

내 안에서 나타나는 성령님의 은사로 인해 하나님의 이름을 높이고 찬양하고 싶습니다. 제가 은사에 합당한 성령의 열매를 맺게 해주세요. 성령님은 제가 어떤 열매를 맺기 원하시나요?

저는 △△의 열매를 하나님께 올려드리고 싶습니다. 제가 기도로 간구하고 고백한 것들이 실상이 되어 성령의 열매로 맺혀질 수 있도록 도와주세요. 지금도 나를 위해 일하시는 성령 하나님께 감사드리며 예수 그리스도의 이름으로 기도합니다. 아멘.

유혹을 이기게 하소서

너희는 유혹의 욕심을 따라 썩어져 가는 구습을 따르는 옛 사람을 벗어 버리고
- 에베소서 4:22

나의 앉고 서는 것을 아시는 주님!

모든 것을 통찰하시는 아버지께 저의 연약함을 내려놓고 기도합니다. 저는 하루에도 몇 번씩 △△의 유혹을 받습니다. 친구들과 어울리고 싶은 마음에 잘못인 줄 아는 행동도 스스럼없이 행하곤 합니다.

저의 행동을 숨기기 위해 거짓말까지 하며 스스로를 합리화 시키는 경우도 있습니다. 뒤늦게야 후회하며 자책도 해보지만 계속 악순환이 이어지는 것 같습니다. 떨치려는 노력도 해보았으나 제 혼자 힘으로는 감당하기 어렵습니다. 지금 저에게는 하나님의 도우심이 간절합니다.

저에게 영적 분별력을 심어주시길 원합니다. 어

떤 행동을 결정하기 전에 하나님의 관점에 비추어서 판단하고 움직이게 해주세요. 하나님이 기뻐하시는 것이 무엇인지 깊이 생각하고 분별하여 행동을 결정하는 신중함을 갖게 해주세요.

하나님 뜻에 합당한 것이 아니라면 친한 친구가 권유하더라도 거절할 수 있는 용기를 주세요. 사탄에게 세 번의 유혹을 받으셨지만 단호히 물리치신 예수님을 본받고 싶습니다. 유혹이 찾아올 때마다 요동하지 않는 제가 되도록 내 마음과 생각을 지켜주시길 소망합니다. 무엇보다 스스로를 다스릴 수 있는 담대함과 결단력을 허락해 주세요.

예수 그리스도의 이름으로 명하노니 나를 미혹시키는 △△의 영은 나에게서 떠나가라! 나사렛 예수의 이름으로 명하노니 나를 죄짓게 하는 사탄은 물러가라! 예수님의 권능으로 담대히 선포할 수 있게 해주셔서 감사드립니다. 나의 힘이시고 능력이신 예수 그리스도의 이름으로 기도합니다. 아멘.

주일 성수 하게 하소서

하나님은 영이시니 예배하는 자가 영과 진리로 예배할지니라 - 요한복음 4:24

영과 진리의 하나님 아버지!
이 시간 저의 인간적인 마음을 내려놓고 기도하기 원합니다. 수험생이 되면서부터 저는 더욱 시간에 쫓기게 되었습니다.

공부해야 할 시간이 부족하다는 생각에 마음이 불안하여 하나님을 바라보기보다 환경과 상황을 바라보게 되었습니다. 시간이 아깝다는 이유로, 몸이 피곤하다는 엄살로, 바쁘다는 핑계로 주일예배에 나가는 것을 불평했던 것을 회개합니다. 저의 어리석음과 연약함을 용서해 주세요.

제가 일주일 동안 학교와 학원을 다니면서 많은 스트레스를 받는 것을 하나님은 아시지요? 하지만 "수고하고 무거운 짐 진 자들아 다 내게로 오라 내가 너희를 쉬게 하리라"고 말씀하신 주님이 있어서 위로가 됩니다. 저의 학업의 짐을 맡아주실 것을 온전히 신뢰하며 하나님만 바라보고 찬양하고 싶습니다. 제가 예배의 자리에서 하나님을 찬양함으로 기쁨이 샘솟고, 말씀을 들음으로 영혼이 정화되게 해주세요.

하나님께 마땅히 드려져야 할 주일예배만큼은 그 어떤 것과도 타협하지 않겠습니다. 이 순종을 기꺼이 받아주시고 제가 결단하고 선포한 것을 잘 지킬 수 있도록 도와주세요. 예배를 드리러 가고자 하는 저의 결단이 방해받지 않고 유혹이 틈타지 않도록 저를 지켜주시길 원합니다.

주일예배가 영적인 충전이 이뤄지는 시간이 되도록 축복해 주세요. 일주일 중 단 하루인 안식일이 그 어떤 날보다 가장 기쁨으로 충만한 날이 되길 간절히 소망합니다. 내 삶의 주인 되시는 예수 그리스도의 이름으로 기도합니다. 아멘.

우울증을 이기게 하소서

상심한 자를 고치시며 저희 상처를 싸매시는도다 - 시편 147:3

사랑이 많으신 하나님 아버지!

하나님 앞에 기도하며 위로를 받고자 이 시간 기도합니다. 어렵게 꺼내놓은 제 마음을 받으시고 위로하여 주세요.

하나님의 섬세하고 따뜻한 손길을 통하여 제 안에 치유와 회복이 있기를 간절히 소망합니다. 그리하여 저와 관계 맺은 사람들에게 하나님의 사랑을 흘려보낼 수 있었으면 좋겠습니다.

저는 사춘기에 접어든 뒤 이유 없는 우울증에 시달리고 있습니다. 갑자기 마음이 무너지는 것 같고 제 자신이 무척 초라하게 느껴지고 한심해집니다. 또한 평소 친하게 지내던 친구들과의 관계도 다 귀찮아지고 도망치고 싶을 때가 있습니다. 집에 돌아와도 안식이 없고 혼자 멍하니 시간을 보낼 때가 많습니다. 하나님 아버지! 저를 도와주셔서 이 수렁 같은 우울함의 감정에서 벗어날 수 있게 해주세요.

다시 힘을 내서 공부도 열심히 하고 싶은데 몸도 마음이 자꾸만 가라앉습니다. 새 힘 주시는 하나님! 제가 다시 의욕을 찾을 수 있도록 저의 상한 마음을 만져 주셔서 제 마음에 기쁨을 회복시켜 주세요. 저는 지금 하나님의 위로가 절실히 필요합니다. 지금은 친구나 부모님을 포함한 어느 누구도 제게 위로가 되지 못합니다. 하나님께서 직접 친구처럼 다가오셔서 저와 어깨를 나란히 하고 다정하게 이야기 해주세요.

저는 시험을 앞둔 수험생이오니 이 상태에서 하루 빨리 벗어나야 합니다. 제가 공부에 흥미를 되찾아 다시 열심을 다할 수 있도록 도와주세요. 로뎀나무 아래에서 우울해하며 기도하는 엘리야를 책망하지 않으시고 그 영혼을 소생시켜주신 하나님! 지금 저에게도 속히 발걸음 하셔서 곤고한 심령 가운데 회복이 있게 해주세요. 주님의 임재를 간절히 기다리며 예수 그리스도의 이름으로 기도합니다. 아멘.

자아 존중감을 갖게 하소서

그러나 이 모든 일에 우리를 사랑하시는 이로 말미암아 우리가 넉넉히 이기느니라 - 로마서 8:37

존귀와 영광을 받으시기에 합당하신 아버지 하나님!

부족하고 연약한 저를 하나님의 자녀 삼아주셔서 감사합니다. 주님의 존귀와 영광을 저에게도 충만하게 부어주세요. 제가 하나님의 형상과 성품을 드러내는 도구로 사용되길 소망합니다. 하나님의 능력을 힘입어 날마다 전진하는 삶 살게 해주세요.

언젠가부터 저는 자신감을 잃었습니다. 너는 할 수 없다, 너는 아무 것도 아니다 라고 공격하는 사단의 거짓말에 속아 넘어지게 됩니다. 한번 넘어지면 다시 일어나는 데에 오랜 시간이 걸립니다.

하나님 아버지!

저의 낮은 자존감을 회복시켜 주시길 간구합니

다. 하나님 안에 있을 때 나는 모든 것을 할 수 있고 존귀한 사람이라는 것을 확신하고 담대히 선포할 수 있도록 도와주세요.

실패를 묵상하지 않고 하나님의 성품을 묵상하길 원합니다. 내 안의 두려움에 갇히지 않도록 저를 지켜주세요. 제가 하나님의 크고 깊은 자유 안에 거하게 해주세요.

은혜의 하나님, 영광의 하나님, 승리의 하나님!

그 하나님이 내 안에서 역사하시면 불가능한 일이 없고 이루어지지 않을 일이 없는 줄 압니다. 저를 통해 일하셔서 영광 받아주세요.

앞으로는 나 자신을 사랑하고 스스로를 존중하며 살겠습니다. 저의 이 고백을 받아주시고 기억해 주세요. 긍정적인 생각과 믿음의 고백으로 내 삶에 변화를 일으켜 주시니 감사합니다. 앞으로도 제가 하나님의 자녀라는 중요한 사실을 잊지 않도록 매 순간마다 상기시켜 주세요. 또한 너를 사랑한다고 너는 존귀한 내 자녀라고 말씀하여 주세요. 나를 죽기까지 사랑하셔서 생명까지 내어주신 예수 그리스도의 이름으로 기도합니다. 아멘.

스트레스와 분노를
잘 다스리게 하소서

분을 그치고 노를 버리라 불평하여 말라 행악에 치우칠 뿐이라 - 시편 37:8

사랑의 하나님 아버지!
　태초에 천지를 창조하시고 좋았더라고 말씀하신 하나님 아버지의 사랑을 생각해 봅니다. 오늘 저에게도 하나님께서 보시기에 좋다고 말씀해 주신다면 좋겠습니다. 저는 하나님의 기쁨이 되는 자녀이고 싶습니다. 그런데 하나님! 저는 요즘 스트레스를 많이 받습니다. 무엇을 하든지 불안하고 걱정되는 마음에 감사를 잊고 히스테리를 부리는 날이 잦아졌습니다. 집과 학교에서 쌓인 감정적 분노를 어떻게 풀어야 할지 모르겠습니다.
　하나님!
　저도 제 자신을 이해할 수 없고 마음을 평안히 가져보려고 해도 잘 되지 않습니다. 처음 마음을 금세 잊어버리고 짜증을 내고 있는 제 자신을 발견합니다. 제 안에 해결되지 않은 쓴 뿌리가 올라오는 것인지, 단순히 시험의 압박감에서 오는 스트레스인지 저는 잘 모르겠습니다. 하지만 하나님은 제 성격을 아시고 제가 왜 그러는지도 아시지요? 제가 그 원인을 잘 알고 대처할 수 있게 해주세요.

제 마음에 숨어있는 미움과 원망과 불안의 쓴 뿌리를 뽑아주시길 원합니다. 저의 내면에 생수의 강이 흐르고 평안이 샘솟게 해주세요. 그리하여 제가 스트레스를 원만히 다스리고 이겨낼 수 있도록 도와주세요. 그리하여 제 입술에서 감사의 고백과 찬양이 멈추지 않길 소망합니다.

적당한 긴장감을 갖고 나 자신을 단련하되 과도한 긴장감으로 인해 불안해하지 않게 해주세요. 모든 근심과 염려를 주께 맡기고 제게 주어진 길을 충실히 걸어갈 수 있도록 도와주시길 원합니다. 제 마음에 그리스도의 평강이 넘쳐 나날이 예수님을 닮아가길 소망합니다. 그리하여 제 친구들이 저를 통해 하나님을 만나는 역사가 일어나게 해주세요. 예수 그리스도의 이름으로 기도합니다. 아멘.

가족관계가
원만하게 하소서

형제와 연합하여 동거함이 어찌 그리 선하고 아름다운고 - 시편 133:1

사랑과 은혜가 충만하신 하나님 아버지!

날마다 우리 가족을 돌봐주시고 또한 저를 돌봐주시는 따뜻한 사랑에 감사드립니다.

하나님은 우리 가정의 주인이시고 인도자이십니다. 저에게 소중한 가족을 허락해 주신 은혜를 기억합니다. 태어나면서부터 지금까지 함께한 가족들이 있어서 힘든 시기도 잘 견뎌낼 수 있었습니다.

그런데 요즘 저는 가족 중의 ○○와 관계가 불편합니다. ○○가 못마땅한 마음에 대화를 나누기도 꺼려집니다. 이런 불편한 마음이 심할 때는 집에 들어오는 것이 싫어질 정도입니다.

무엇보다 가족도 사랑하지 못하는 제 모습을 볼

때 스스로 너무 부족하게 여겨져서 속상합니다. 그동안 제가 가정을 위해 기도하지 못한 것을 용서해 주세요. 제가 수험생이 된 뒤 더욱 민감해 진 부분도 있을지 모릅니다.

하나님 제 마음을 주장해주시고 ○○의 마음을 주장해 주세요. 서로 조금씩 용납하고 이해할 수 있도록 기회를 주시고 억지로가 아니라 자연스럽고 자원하는 마음으로 사랑의 마음이 솟아나게 해주세요.

또한 저 뿐만 아니라 가족 간에 서로 화목하길 소망합니다. 깨어지고 단절된 우리 가정에 빛으로 오셔서 사랑을 회복시켜 주세요. 신뢰를 회복시켜 주세요. 서로를 볼 때 소망과 기대가 넘쳐나게 하시고 위로를 얻을 수 있게 해주세요.

가족 모두 하나님과의 친밀감을 회복하고 가족 간에 친밀감을 깊어져서 각자 자신에게 주어진 일과 학업에 모두 충실할 수 있도록 도와주세요. 예수 그리스도의 이름으로 기도합니다. 아멘.

교우관계가
원만하게 하소서

친구는 사랑이 끊어지지 아니하고 형제는 위급한 때를 위하여 났느니라 - 잠언 17:17 16:11

우리의 친구 되신 하나님 아버지!
언제나 우리의 음성에 귀 기울이시고 작은 신음에도 응답하시는 주님! 지금 이 순간에도 따뜻한 눈길로 바라보고 계신 하나님 아버지의 친밀한 사랑에 감사드립니다. 하나님은 제게 가장 좋은 친구이시며 가장 훌륭한 상담자이십니다.

내 안에 있는 고민을 누구보다 잘 아시는 주님! 저의 학교생활과 친구관계에 주님이 직접 개입하여 주시길 소망합니다.

수험생이 되면서 민감해진 성격 탓인지 친구들과의 관계에 번번이 어려움이 생깁니다. 별 것 아닌 일에 서운한 감정이 생겨나거나 애정인지 질투인지 모를 기분에 사로잡혀 다툼으로 번질 때가 있습니다.

선의의 경쟁을 하되 부정적인 방향으로 감정이 흘러가지 않도록 절제하고 조절하게 해주세요. 제가 먼저 친구를 이해할 수 있는 넓은 마음을 갖게 되길 간구합니다. 나보다 우월한 친구에게서는 좋은 점을 본받게 하시고 나보다 어려운 친구를 위해서는 사려 깊은 마음으로 돕고 기도하게 해주세요. 저는 연약해서 친구관계에 지혜롭지 못할 때가 있고 불필요한 일로 마음이 상하고 신경이 쓰일 때가 있습니다. 제가 사소한 일에 매이지 않게 하시고 관계를 넓은 관점에서 볼 수 있도록 도와주세요.

  이제는 서로의 비전과 학업과 신앙을 위해 기도하고 격려하며 힘이 될 수 있는 단짝 친구를 만나고 싶습니다. 평생지기로 지낼 수 있는 좋은 친구를 만나게 해주세요. 다윗과 요나단처럼 서로의 인생을 위해 기도하고 축복할 수 있는 친구였으면 좋겠습니다.

  또한 제 자신이 먼저 편안하고 믿을만한 친구가 될 수 있도록 제 부족한 성품을 다루어주세요.

  예수 그리스도의 이름으로 기도합니다. 아멘.

사제관계가
원만하게 하소서

내 아들아 너는 듣고 지혜를 얻어 내 마음을 바른 길로 인도할지니라 - 잠언 23:19

은혜와 자비가 충만하신 하나님 아버지!

제가 기도할 때 마음에 평안을 주시고 갈 길을 밝히 보여주시는 은혜에 감사드립니다. 오늘은 저에게 가르침을 주시는 선생님들을 위해 사랑과 존경의 마음을 담아 기도하고 싶습니다.

저는 그동안 살아오며 많은 선생님들을 만났고 배워왔습니다. 제가 다닌 학교와 학원과 주일학교 그리고 저에게 여러 방면으로 가르침을 주었던 많은 분들을 기억해봅니다.

하나님께서 좋은 만남을 주셔서 제 지식과 지혜의 폭을 넓혀주셨고 때론 힘든 분을 붙여주셔서 저를 단련시키셨습니다. 그만큼 선생님으로부터 받는 영향이 크다는 것을 알기 때문에 간절한 마음으로 기도합니다.

이 시기는 저에게 매우 중요한 입시기간입니다. 제가 좋은 선생님들을 만나는 복을 누리게 해주세요. 무엇보다 지금 가르침을 받고 있는 학교와 학원 선생님들과 원만하게 지내고 싶습니다.

좋은 선생님을 원하기 이전에 제가 먼저 좋은 학생이 되게 해주세요. 선생님을 인격적으로 존경하며 신뢰감을 심어드릴 수 있길 원합니다. 제가 학생으로서의 예의를 갖춰 선생님을 대할 때 선생님 또한 저를 깊은 사랑으로 품고 격려하게 해주세요.

선생님이 심어주신 씨앗들을 정성껏 키워 풍성한 열매를 맺게 되길 소망합니다. 선생님께서 저의 가능성을 발견하고 격려해 주실 때 저는 그 가르침을 잘 따르며 연습하고 단련하게 해주세요. 저로 인해 선생님들이 가르치는 보람을 느꼈으면 좋겠습니다. 선생님들의 영혼과 몸과 마음이 건강하여 저와 제 친구들을 지도하시는데 피곤치 않도록 붙잡아 주세요. 예수 그리스도의 이름으로 기도합니다. 아멘.

건강한 이성교제를
허락하소서

그가 빛 가운데 계신 것 같이 우리도 빛 가운데 행하면 우리가 서로 사귐이 있고
그 아들 예수의 피가 우리를 모든 죄에서 깨끗하게 하실 것이요. - 요한일서 1:7

인자와 자비가 풍성하신 아버지 하나님!
저에게 언제나 가장 좋은 것을 허락하시는 은혜에 감사드립니다. 무엇보다 제가 홀로 외롭지 않도록 이성 친구 ○○(이)를 만나게 해주셔서 감사합니다.

수험생의 시기를 보내는 가운데 겪는 아픔과 고난을 ○○(이)와 공유하고 공감할 수 있으니 더욱 힘이 됩니다. 제가 ○○(이)를 만나게 하시고 친밀한 관계로 이끌어 주신 분이 하나님이신 줄 믿습니다. 우리가 하나님 안에서 건강한 교제를 할 수 있도록 도와주세요.

부모님과 선생님들은 이성교제를 하는 것에 많은 염려를 하고 계십니다. 우리의 이성교제로 인하여 염려 끼쳐드리지 않도록 학생으로서 책임을

다하고자 합니다. 이성교제가 학업과 생활에 긍정적인 영향을 미칠 수 있도록 도와주세요. 주님께서 우리 가운데 중심이 되어주셔서 관계의 균형이 이루어지길 소망합니다. 저와 ○○(이)의 사이에 성령 하나님이 내주하셔서 건강한 삼각구도가 세워지게 해주세요.

○○(이)와의 관계에 어려움이 생겼을 때 사람의 힘으로 해결하지 않고 하나님께 도움을 청하고자 합니다. 아직은 청소년인 우리가 순간의 감정으로 인해 그릇된 행동을 하지 않도록 매 순간마다 지켜주세요. 지금의 이성교제가 훗날 성인이 되어 누군가를 사랑할 때에 귀한 밑거름이 될 수 있었으면 좋겠습니다.

이 교제를 통해 이성을 사랑하고 배려하는 것을 훈련하도록 도와주세요. 또한 서로의 미진한 학업을 돕는 발전적인 관계가 되길 소망합니다. ○○(이)와 제가 서로 선한 영향력을 주고받을 수 있게 해주세요.

우리의 주관자이신 예수 그리스도의 이름으로 기도합니다. 아멘.

멘토를 위한 기도

너는 귀를 기울여 지혜 있는 자의 말씀을 들으며 내 지식에 마음을 둘지어다 - 잠언 22:17

선한 목자이신 하나님 아버지!

일마다 때마다 선하신 인도하심으로 좋은 사람들을 붙여주신 은혜에 감사드립니다. 좋은 사람을 만나는 복은 하나님으로부터 받을 수 있는 최고로 귀하고 값진 선물인 줄 압니다. 그동안 제가 좋은 선생님과 좋은 친구들을 만날 수 있었던 것도 모두 하나님의 은혜입니다.

하나님!

이제는 저에게 좋은 멘토를 붙여 주시길 간구합니다. 멘토를 통해 올바른 길을 인도받으며 또 격려 받고 싶습니다.

저에게는 부모님이나 친구에게 조차 솔직히 털어놓을 수 없는 고민들이 많습니다. 물론 하나님이 저의 가장 좋은 멘토시지만, 실질적인 도움이 필요할 때 손 내밀 수 있는 친밀한 사람을 보내주셨으면 좋겠습니다. 그 사람이 하나님을 경외하는 사람이어서 저의 신앙을 돌보아줄 수 있는 사람이길 원합니다. 저의 문제를 자신의 일처럼 함께 고민하고 귀 기울여줄 사람을 저에게 붙여주셔서 제가 올바른 길을 걸어갈 수 있도록 도와주세요.

주님은 저의 결심이 자주 무너지고 때때로 자신감을 잃어버리는 것을 누구보다 잘 아십니다. "두 사람이 한 사람보다 낫다"고 말씀하셨으니 제가 혼자 길을 헤매지 않도록 사람을 붙여주세요. 넘어졌을 때 붙들어 일으켜 줄 사람, 따뜻한 말로 격려해 줄 사람이 필요합니다.

저에게 허락하신 멘토에게서 많은 위로와 사랑을 받게 하여 주세요. 그래서 저 또한 누군가의 멘토가 되었을 때 제가 받았던 것보다 더 크고 풍성한 위로와 사랑을 공급하는 사람으로 살게 해주세요. 예수 그리스도의 이름으로 기도합니다. 아멘.

건강을 지켜주소서
위장장애 | 수면장애 | 두통

여호와께서 쇠약한 병상에서 저를 붙드시고 저의 병중 그 자리를 다 고쳐 펴시나이다 - 시편 41:3

우리의 영육을 돌보시는 하나님 아버지!
언제나 변함없는 사랑으로 저의 기도를 들어주시는 하나님의 은혜에 감사드립니다. 제 몸의 아픔과 이상 증상을 세밀히 하시는 주님께 건강의 문제를 내어놓고 기도드립니다. 수험생이 된 후로 저의 체력이 급격히 약해졌습니다. 항상 학교와 학원과 집을 오가다보니 체력관리를 철저히 하기가 어렵습니다. 또한 학업에 대한 스트레스가 제 자신을 짓눌러 몸에 안 좋은 영향을 미치는 경우가 있습니다.

하나님 아버지!
저의 몸과 마음이 강건하여 수험생 생활을 넉넉히 이겨내도록 도와주세요. 특별히 건강한 소화력을 주셔서 무엇을 먹고 마시든지 잘 소화하고 배설하여 탈이 나지 않게 해주세요. 또한 신경성 두통이 말끔히 낫도록 마음에 평안을 주시길 원합니다. 짧은 시간을 자도 깊이 숙면하여 아침에 상쾌한 기분으로 깨어날 수 있게 해주세요.

건강한 수면습관과 균형 잡힌 식습관을 유지하여 체력과 체형을 잘 관리하고 절제할 수 있었으면 좋겠습니다.

수험생 기간은 긴장과 스트레스가 끊이지 않는 기간입니다. 제가 공부할 때에는 강건한 체력을 주시고 기도할 때에는 정결한 영성을 허락해주세요. 또한 저에게 맞는 학습방법과 건강관리 방법을 잘 찾아내어 실천할 수 있도록 도와주세요. 그리하여 이 기간에 오히려 영·혼·육이 더욱 강건하여져서 훗날에 즐거운 시절로 추억하고 싶습니다.

하나님의 은혜와 자비의 단비가 제 몸에 늘 충만히 임하길 소망하며 우리 주 예수 그리스도의 이름으로 기도합니다. 아멘.

외모 콤플렉스를
이기게 하소서 여드름 | 몸무게 | 키

너희의 단장은 머리를 꾸미고 금을 차고 아름다운 옷을 입는 외모로 하지 말고
- 베드로전서 3:3

만물의 창조주 아버지 하나님!
주의 손가락으로 지으신 모든 것들로 인하여 감사와 찬양을 올려드립니다. 주께서 지으신 모든 것이 선하다고 말씀하신 것을 기억합니다. 하나님이 지으신 피조물인 저를 살펴주시고 기도에 응답해 주세요. 이제 주님 앞에 내 마음을 꺼내놓습니다. 이 시간 주님의 따뜻한 음성을 듣고 상한 마음이 회복되게 해주세요.

저는 공부에 집중해도 부족할 시기에 외모를 걱정하느라 많은 시간을 낭비하고 있습니다. 제가 학생의 본분을 잊지 않도록 제 영혼을 깨워주세요. 저의 외모가 불만족스러우니 사람들을 대할 때 자신감을 잃게 되는 것 같습니다.

친구들과 비교하는 마음 때문에 스스로 움츠러들게 됩니다. 제가 나 자신을 사랑하는 마음을 갖게 해주세요. 내 모습 이대로 받으시는 하나님의 사랑 안에 충분히 잠기고 싶습니다.

하나님이 지으신 원래의 목적대로 저를 사용해주세요. 제 안에 심어두신 잠재성과 고유의 가치가 밝히 드러나게 되길 소망합니다. 제가 본래 하나님의 형상을 따라 지으신 존재라는 것을 기억하며 원래의 모습을 회복할 수 있도록 도와주세요. 하나님 형상 닮아가기 원할 때 인위적으로 꾸미거나 치장할 때보다 더 빛나고 아름다운 모습을 갖게 될 줄 믿습니다.

이제는 외적으로 돋보이고 싶은 마음에 옷을 입을 때나 머리를 손질하는 데 더 이상 시간을 낭비하고 싶지 않습니다. 오히려 말씀과 기도로 새로워져서 내면을 가꾸는 가치 있는 시간을 보내게 해주세요.

날마다 나를 새롭게 하시는 예수 그리스도의 이름으로 기도합니다. 아멘.

여호와의 말씀이니라
너희를 향한 나의 생각을 내가 아나니
평안이요 재앙이 아니니라
너희에게 미래와 희망을 주는 것이니라
너희가 내게 부르짖으며
내게 와서 기도하면
내가 너희들의 기도를 들을 것이요
너희가 온 마음으로 나를 구하면 나를 찾을 것이요
나를 만나리라

예레미야 29:11~13

3장

공부하는 마음을 위하여

성적이 떨어졌을 때의 기도
인내심과 집중력을 주소서
시간 관리를 잘하게 하소서
학원생활을 성실하게 하소서
암기력 · 이해력 · 집중력을 키우게 하소서
자율성을 키우게 하소서(게으름 | 미루기)
중독에서 벗어나게 하소서(TV | 인터넷 | 게임)
시험대비(중간고사 | 기말고사)

성적이 떨어졌을 때의 기도

두려워하지 말라 내가 너와 함께 함이라 놀라지 말라 나는 네 하나님이 됨이라 내가 너를 굳세게 하리라 참으로 너를 도와 주리라 참으로 나의 의로운 오른손으로 너를 붙들리라 - 이사야 41:10

존귀와 영광을 받으시기에 합당한 하나님!
들의 풀과 같이 연약한 우리의 인생을 사랑으로 보살펴 주시고 인도해주시는 사랑에 감사드립니다. 하나님 아버지! 제 나름대로는 열심히 한다고 했는데 시험 성적이 좋지 않아 마음이 괴롭고 낙심됩니다. 공부해도 성적이 오르지 않고 오히려 노력한 만큼 나오지 않아서 자신감을 잃었습니다. 더욱 마음이 조급해져서 공부가 손에 잡히지 않습니다.

여호와 샬롬, 평강의 하나님!
제 마음에 평안을 주시며 저를 위로해 주세요. 그리하여 다시 힘을 내서 긍정적으로 공부할 수 있도록 저의 마음과 생각을 지켜주시길 원합니다. 공부를 하면 할수록 부족한 것이 많은 것을 발견합니다. 그러나 지금 시험이 얼마 남지 않은 상황에서 제가 그 모든 것을 다 완벽히 할 수 없습니다. 제가 보충해야 하고 더 힘써야 할 부분을 구체적으로 깨닫게 해주세요. 그리하여 주어진 범위와 시간 안에서 보다 효과적으로 공부할 수 있도록 도와주시길 간구합니다.

비록 이번 성적이 원하는 만큼 나오지 않았지만 오히려 제 취약점을 잘 분석하고 준비할 수 있는 기회로 삼고 싶습니다. 하나님 아버지께서 제게 새 힘을 부어주시고 용기를 더해 주세요. 다시 집중해서 즐겁고 감사한 마음으로 공부에 임하고 싶습니다. 더욱 부지런하고 더욱 성실하게 공부하며 수험생활을 잘 지탱할 수 있도록 하나님의 크신 권능의 팔로 저를 붙잡아 주세요.

저의 부족한 부분을 하나님께 내려놓고 기도하오니 성령과 지혜를 충만하게 채워주시길 소망합니다. 그리하여 좋은 결과를 통해 하나님께 영광 돌릴 수 있도록 도와주세요.

예수 그리스도의 이름으로 기도합니다. 아멘.

인내심과 집중력을 주소서

인내를 온전히 이루라 이는 너희로 온전하고 구비하여 조금도 부족함이 없게 하려 함이라 - 야고보서 1:4

우리에게 변치 않는 사랑을 베푸시는 아버지!
 주님은 변함이 없으시고 회전하는 그림자도 없으시기에 어제나 오늘이나 동일하게 역사하십니다. 이전에 베풀어주신 은혜와 은총을 기억하오니 주님의 손길이 간절히 필요한 지금 이 순간, 그때와 동일한 은혜와 은총을 부어주시길 간구합니다.

 십자가에서 죽기까지 우리를 사랑하신 예수님!
 먼저 주님의 마음과 성품을 본받기 원합니다. 예수님이 그러셨던 것처럼 저도 제게 주어진 고난을 잘 인내하게 해주세요. 저는 수험생으로서 학업의 짐을 감당하고 있습니다. 이 짐은 저 혼자 지는 것이 아니라 주님이 같이 져주셔야 합니다. 공부하는 데에 필요한 모든 것을 공급해 주시되 특별히 저에게 부족한 인내심을 부어주시길 기도합니다. 한량없이 오래 참으시고 인내하시는 주님의 성품을 제가 본받을 수 있도록 도와주세요.

저는 끈기 있게 책상에 앉아 공부하는 것이 버겁습니다. 책상에 앉으면 얼마 지나지 않아 머리가 무겁고 마음이 흔들립니다. 어려운 문제를 접하거나 암기가 잘 되지 않을 때면 쉽게 포기하려는 마음이 생기게 됩니다.

제가 인내심을 가지고 끈기 있게 공부할 수 있도록 도와주세요. 또한 제가 효율적으로 공부하는 방법을 터득할 수 있게 해주셔서 공부가 흥미로운 놀이가 되고 오락이 될 수 있도록 즐거움을 주세요. 저의 부족함이 단번에 변화될 수 없다 하여도 포기하지 않기로 결단합니다.

차츰 발전하고 전진할 수 있도록 날마다 힘을 더해주세요. 나의 힘이 되신 예수 그리스도의 이름으로 기도합니다. 아멘.

시간 관리를 잘하게 하소서

네 길을 여호와께 맡기라 그를 의지하면 그가 이루시고 - 시편 37:5

시간을 다스리시고 통치하시는 하나님 아버지! 오늘도 귀한 하루를 선물해 주셔서 감사합니다. 제가 소중한 매 순간을 하나님의 방법대로 다스릴 수 있도록 도와주세요. 한번 지난 시간은 되돌릴 수 없다는 사실을 잊고 그동안 많은 시간을 무책임하게 낭비했습니다. 제가 시간의 주인이신 하나님을 경외하는 마음을 갖게 해주세요.

저는 수험생이 되면서 바빠진 일상에 하루가 어떻게 흘러가는지를 모르겠습니다. 아침에 눈을 뜨고 밤에 잠자리에 눕기까지 대부분의 시간을 학교에서, 학원에서 보내야 합니다. 시간을 관리하는 것에 서투른 저는 막상 휴식시간이 주어져도 헛되게 흘려보낼 때가 많습니다.

머리가 무겁고 몸이 고단할 때 공부에 대한 부담감을 잠시 내려놓고 적당한 휴식을 취할 수 있도록 평안한 마음을 주시길 원합니다.

제가 여유시간을 건강하고 건전하게 활용할 수 있도록 지혜를 주세요. 부정적인 생각이 틈탔을 때는 기도로 마음을 씻어내고 새로운 마음으로 공부에 임하도록 도와주세요. 책상에 앉아있는 동안은 온전히 집중해서 최대의 효과를 거둘 수 있게 하시고, 휴식을 취할 때에는 오랜 시간 안식한 것과 같은 평안을 누리게 해주세요.

저는 하나님의 지혜로운 청지기가 되고 싶습니다. 하루의 시간을 잘 관리하여 착하고 충성된 종이라고 칭찬받는 자가 되고자 합니다. 저는 부족함이 많으니 완전하신 하나님께서 도와주셔야 합니다. 시간의 주인이신 하나님께서 친히 주장하시고 다스려 주세요. 나의 도움 되시는 예수 그리스도의 이름으로 기도합니다. 아멘.

학원생활을 성실하게 하소서

이러므로 너희가 더욱 힘써 너희 믿음에 덕을 덕에 지식을 지식에 절제를 절제에 인내를 인내에 경건을 - 베드로후서 1:5-6

선한 목자이신 나의 주님!

염려하지 않아도 쓸 것 아시는 주님께 감사와 찬양 올려드립니다. 제가 학원에서 공부할 수 있도록 은혜 베풀어 주셔서 감사합니다. 혼자 공부할 때 느끼는 부담과 어려움을 학원에서 해결 받을 수 있으니 힘이 됩니다. 그러나 제가 학원에 다녀서 가정에 재정적 부담을 안겨주는 것은 아닌지 염려되는 마음이 있습니다.

저의 학업을 위해 많은 수고를 감당하시는 부모님의 은혜를 늘 기억하며 제가 더욱 책임감을 가지고 공부에 힘쓸 수 있도록 도와주세요. 경제 사정이 좋지 않아 학원에 다니지 못하는 다른 친구들을 생각하며 감사함으로 학원생활에 임하게 해주세요.

또한 학원에서 배운 새로운 지식을 친구들과 나누는 넉넉한 마음도 갖게 되길 소망합니다.

학교에서 충족되지 않은 지식을 학원에서 충분히 채워갈 수 있도록 도와주세요. 그러나 학원생활 때문에 학교생활을 소홀히 여기지 않길 소망합니다. 제가 학원생활을 성실하고 알차게 해나갈 수 있도록 저의 학습태도를 바로 잡아 주세요. 학교에서 배운 내용을 복습하고, 앞으로 배울 내용을 예습하는 그 시간이 즐거웠으면 좋겠습니다.

학원에서 같이 공부하는 친구들과 원만한 관계를 맺게 하셔서 어려운 일이 있을 때는 서로 도울 수 있게 해주세요.

몸이 나약해질 때는 학원에 결석하고 싶은 유혹이 들기도 합니다. 그때마다 마음의 부담감을 잘 이겨낼 수 있도록 도와주세요. 학교를 마치고 학원을 향하는 발걸음이 가볍길 소망합니다.

누군가의 강요나 재촉에 의해서가 아니라 자발적으로 공부하는 성실한 학생이 되도록 저를 붙잡아 주세요. 날마다 새 힘을 주시는 예수 그리스도의 이름으로 기도합니다. 아멘.

암기력 · 이해력 · 집중력을 키우게 하소서

곧 지혜가 네 마음에 들어가며 지식이 네 영혼을 즐겁게 할 것이요 - 잠언 2:10

만물의 근원되신 하나님 아버지!

세상에 충만한 하나님 아버지의 은혜를 묵상하며 감사 기도드립니다. 고요한 중에 저에게 말씀하시고 가르쳐 주셔서 항상 주님의 도를 따라 가는 자가 될 수 있도록 도와주세요.

저는 공부를 할 때 암기력이 부족해서 금세 흥미를 잃곤 합니다. 전체적인 개념은 이해를 하는데 구체적인 세부사항으로 들어갔을 때 정확한 암기가 되지 않고 막힐 때가 있습니다. 책을 읽으면 잘 아는 내용도 막상 시험지에 옮겨 적으려고 하면 힘이 듭니다. 공부의 기초는 원리와 흐름을 이해하는 것이 중요하다고 하지만, 유난히 암기가 중요하고 필요한 과목이 있기에 특별히 저에게 암기력을 주시길 간구합니다.

저는 암기를 하면 금방 잊어버리고 기억을 하더라도 흐릿하게만 떠오릅니다. 반복학습을 해도 그만큼 능률이 오르질 않습니다. 하나님께서 저를 도와주셔야 합니다. 제가 다른 잡념에 사로잡힌 것이 있거나 심리적 부담감 때문에 그런 것이라면 저에게 먼저 평안을 주셔서 제 마음과 생각과 건강이 온전히 회복되어 공부할 때 가장 좋은 컨디션을 유지할 수 있도록 도와주세요. 한 가지를 암기하더라도 정확히 기억할 수 있게 해주시고 제가 열심히 외운 것은 잊지 않고 생각나서 활용할 수 있도록 도와주세요.

늘 지혜롭게 지식을 다루게 하셔서 어떤 방식으로 암기할 때 효율적인지 깨닫게 해주세요. 시험을 준비하느라 공부한 이 기간에 외운 것들이 제가 앞으로 살아가는 데에도 좋은 재료가 될 수 있었으면 좋겠습니다. 학업을 준비하며 제 몸과 마음과 성격의 연약한 부분들을 하나님 앞에 내려놓고 기도하오니 부족한 것을 채워주세요. 그리하여 앞으로도 제가 제 자신을 더욱 사랑하며 공부할 수 있도록 인도해주세요. 예수 그리스도의 이름으로 기도합니다. 아멘.

자율성을 키우게 하소서
게으름 | 미루기

게으름이 사람으로 깊이 잠들게 하나니 태만한 사람은 주릴 것이니라 - 잠언 19:15

사랑의 하나님 아버지!

저에게 늘 새 날을 주셔서 하나님께 기도하고 찬양할 수 있는 시간을 주심에 감사합니다. 또한 저에게 공부하고 시험을 준비할 수 있는 환경을 주심도 감사합니다.

오늘 저는 제 게으름의 문제를 하나님께 내려놓고 기도드립니다. 저는 제가 무엇을 해야 할 지 때때로 혼란스러울 때가 있습니다. 항상 제게 주어진 상황과 일을 잘 파악하고 올바르게 대처하고 싶습니다. 때로는 제가 해야 할 일을 알아도 몸이 움직여지지 않을 때가 있고 어떨 때는 마음조차 나태해집니다. 해야 할 일을 자꾸 미루게 되어 결국에는 후회하는 일이 반복됩니다.

저는 이러한 습관의 원인을 알고 싶고 해결 받

고 싶습니다. 저를 도와주세요.

하나님!

제 안에 해결되지 못한 어떤 문제들이 매사에 저를 게으르게 하고 선택과 행동을 지연시키는 것 같습니다. 제가 건강한 마음가짐으로 올바른 행동을 하는 자가 될 수 있도록 도와주세요. 지금 해야 할 일과 나중에 해야 할 일들을 제가 스스로 잘 해결할 수 있도록 도와주시길 원합니다. 중요한 일을 먼저 신속히 해결하는 우선순위의 지혜가 있도록 도와주세요.

좀 더 눕고 싶고 좀 더 자고 싶은 유혹을 단호히 끊고 싶습니다. 짧은 휴식의 달콤함을 즐기느라 저의 비전을 잊지 않도록 제 안에 경각심을 심어주세요. 특히 공부할 때 미루지 않고 집중해서 할 수 있도록 도와주시길 원합니다. 심은 대로 거둔다는 진리를 기억하며 좋은 씨앗을 심고 가꾸는 일에 힘쓰고 싶습니다.

부지런하여 게으르지 않고 열심을 다해 주를 섬기는 사람으로 저를 세워주세요.

예수 그리스도의 이름으로 기도합니다. 아멘.

중독에서 벗어나게 하소서
TV | 인터넷 | 게임

너희는 이 세대를 본받지 말고 오직 마음을 새롭게 함으로 변화를 받아 하나님의 선하시고 기뻐하시고 온전하신 뜻이 무엇인지 분별하도록 하라 - 로마서 12:2

사랑과 은혜가 충만하신 하나님!

언제나 신실하시며 변함없이 저의 기도를 들어주시고 인도해주시는 은혜에 감사드립니다.

하나님 저는 제 자신에게 중독이라는 말을 하긴 싫지만 아무래도 제 자신이 게임중독인 것 같습니다. 해야 할 공부가 많고 몸이 피곤해서 쉬고 싶을 때에도 틈만 나면 컴퓨터를 켜서 게임을 하게 됩니다. 게임이나 웹서핑이나 컴퓨터로 하는 모든 일들이 사실 제 학업이나 정서 건강에 큰 도움을 주는 일이 많지 않은데도 제가 그것을 끊지 못하고 많은 시간과 에너지를 빼앗기고 있습니다.

또한 습관적으로 TV를 켜서 부모님께 꾸중을 듣곤 합니다. 막상 TV를 켜면 집중해서 보지는 않는데 허전하고 복잡한 마음에 TV나 컴퓨터에 의지하는 것 같습니다.

하나님 제가 제 시간과 제 습관을 다스릴 수 있는 절제력을 주세요. 게임을 안 하고 있으면 불안하고 게임을 할 때는 시간이 너무 빨리 가버립니다. 그리고 게임을 하지 않을 때도 머릿속에 게임 영상이 생각나고 컴퓨터를 하고 싶은 생각이 자꾸 듭니다. 이렇게 오래 컴퓨터 앞에 앉아 있다보니 다리도 피곤하고 어깨도 아픕니다. 눈도 피로합니다. 그리고 공부를 하지 못하고 게임만 하고 보낸 날은 제 자신이 너무 괴롭습니다.

하나님 제가 제 자신을 더 용납하고 사랑할 수 있게 해주세요. 저로 인해 부모님께서 염려하지 않으시도록 저의 습관이 하루빨리 개선되길 소망합니다. 가족과 친구들과 친밀하고 원만한 관계를 유지하게 하시고 제 마음의 공허함을 게임으로 채우지 않도록 도와주세요. 무엇보다 하나님의 충만한 사랑을 느낄 수 있게 해주세요. 제 마음의 빈자리를 성령님이 채워주셔야 합니다. 이 시간 이후 제가 컴퓨터를 켜고 끄는 모든 것들을 잘 관리할 수 있도록 도와주세요. 예수 그리스도의 이름으로 기도합니다. 아멘.

시험대비
중간고사 | 기말고사

내가 말하는 것을 생각해 보라 주께서 범사에 네게 총명을 주시리라 - 디모데후서 2:7

어렵고 다급할 때에 강하고 담대하라고 말씀하시는 하나님!

아버지께서 부어주시는 담대함이 필요하기에 지금 이 시간 기도합니다. 저는 지금 △△고사를 앞두고 있습니다. 그동안 입시공부를 하느라 내신에 집중하지 못했기에 시험을 앞둔 저의 마음이 불안합니다. 그러나 불안한 마음은 사단이 주는 것임을 알기에 하나님의 평안을 구합니다. 비록 철저히 준비하지는 못했지만 미처 공부하지 못한 것도 생각나게 해주세요.

성령 하나님이 함께하셔서 지혜롭고 침착하게 문제를 풀 수 있도록 도우시길 원합니다. 성급한 마음에 시험 문제를 대충 읽어서 문제의 요지를 잘 파악하지 못하는 실수를 범하지 않게 해주세요. 쉬운 문제를 접했을 때는 자만하지 않길 원합니다. 아는 문제를 틀리는 일이 없도록 주의 집중하여 시험에 임하도록 도와주세요. 또한 어려운 문제를 풀 때에는 두려워하지 않고 하나님께 의뢰하게 해주세요. 저에게 부족한 지식과 지혜를 채워주실 것을 믿습니다.

시험공부 할 때에 즐거움으로 하게 해주세요. 마지못해 억지로 하는 것이 아니라 자발적으로 공부하고 싶습니다. 공부해야 하는 목적이 뚜렷해져서 목표의식을 가지고 전진하게 해주세요. 기도와 말씀으로 무장하여 시험시간 내내 강하고 담대할 수 있길 원합니다. 온전히 하나님의 도우심으로 시험을 치르게 해주세요. 또한 시험 보는 시간 동안에 다른 생각이 틈타지 않도록 제 마음과 생각을 지켜주세요.

일마다 때마다 크신 능력 베푸시는 우리 주 예수 그리스도의 이름으로 기도합니다. 아멘.

여호와께서 사람의 걸음을 정하시고
그의 길을 기뻐하시나니
그는 넘어지나 아주 엎드러지지 아니함은
여호와께서 그의 손으로 붙드심이로다

시편 37:23~24

4장

수능시험을 위하여

건강과 컨디션을 지켜주소서
최상의 시험환경이 되게 도우소서
자만하거나 실수하지 않도록 인도하소서
정직하게 시험 보게 하소서
시험을 앞두고 기도합니다
시험을 마치고 기도합니다

건강과 컨디션을 지켜주소서

여호와가 너를 항상 인도하여 메마른 곳에서도 네 영혼을 만족하게 하며 네 뼈를 견고하게 하리니 너는 물 댄 동산 같겠고 물이 끊어지지 아니하는 샘 같을 것이라 - 이사야 58:11

인간의 생사화복을 주장하시는 아버지 하나님!

만세전부터 저를 계획하시고 이 땅에 태어나게 하셔서 이제까지 자라는 동안 보살펴 주신 은혜에 감사드립니다.

하나님!

이 시간 시험 당일의 건강을 위해 기도합니다. 하나님께서는 저를 지으신 분이시기에 그 어느 누구보다 제 몸의 체질을 잘 아시지요. 제 몸이 다른 어떤 때보다 더욱 건강하고 최상의 컨디션이 될 수 있도록 도와주세요.

저 뿐만 아니라 함께 시험을 치르는 다른 학생들에게도 건강과 안전을 허락하여 주셔서 돌발적인 사건과 사고가 나지 않도록 지켜주시길 간구합니다.

특히 시험 전 날 긴장해서 잠을 못 이루는 일이 생기지 않고 깊이 숙면을 취할 수 있도록 도와주셔서 아침에 좋은 컨디션으로 일어날 수 있게 해주세요. 또한 아침식사와 점심식사를 할 때에 위장이 건강하고 평안하게 해주셔서 배탈이 나거나 위장장애가 생기지 않기를 소망합니다. 화장실에 오가는 것도 평소대로 무리가 없게 하시고 돌발적인 알레르기나 발열과 두통이 발생하지 않도록 지켜주세요.

 제 몸이 긴장을 잘 버틸 수 있도록 몸에 활력을 더 하여 주시길 원합니다. 무엇보다 시험 시간 내내 감사와 평안이 제 마음에 생수처럼 넘쳐나길 소망합니다. 제가 그동안 준비해온 실력을 테스트 받을 수 있는 기회를 주신 하나님께 감사드리는 마음으로 시험 당일 감사와 찬송이 마음에서 그치지 않게 해주세요. 그리하여 제가 공부하고 준비해 온 실력을 충분히 발휘할 수 있기를 소망합니다. 시험을 치르는 시간이 힘들지 않고 오히려 기쁘고 즐거울 수 있도록 정신의 건강을 허락해 주세요. 예수 그리스도의 이름으로 기도합니다. 아멘.

최상의 시험환경이
되게 도우소서

주께서 심지가 견고한 자를 평강하고 평강하도록 지키시리니 이는 그가 주를 신뢰함이니이다 - 이사야 26:3

전능하신 하나님 아버지!

천하 만물을 주관하시며 자연을 다스리시는 은혜를 찬양합니다. 또한 저를 위해 기도하고 사랑을 베푸는 가족과 친구들을 허락하심에 감사드립니다. 이제 시험을 앞두고 떨리는 마음으로 하나님 앞에 나와서 기도합니다. 그동안 시험을 위해 공부하고 준비했지만 아직 부족한 것이 많고 두려운 마음이 있습니다. 먼저 제 마음에 평안을 내려주세요. 제 마음과 생각을 주장하여 주셔서 긴장하지 않도록 도와주세요.

시험 당일 아침 건강한 컨디션으로 시간을 잘 맞춰 일어나게 하시고 시험 보기에 적절한 기후를 허락하셔서 전국의 수험생 모두 편안하게 시험에 임할 수 있도록 주관하여 주세요.

또한 시험장에 가지고 가야할 물건들을 빠뜨리지 않고 잘 준비하게 해주세요. 넉넉한 시간에 수험 장소에 도착하여 기도로 시험을 준비할 수 있는 여유로운 마음을 주시길 간구합니다.

 시험을 치를 교실의 환경을 주장해 주셔서 안정된 마음으로 시험을 치르게 해주세요. 쉬는 시간을 충분히 활용하여 휴식하고 다음 시험을 준비할 수 있도록 인도해 주세요.

 시험을 지도하는 감독관 선생님이 편안한 분위기로 시험을 주관하도록 도와주시길 원합니다. 특히 같은 교실에서 시험을 치르는 수험생들 간에 마찰이 없었으면 좋겠습니다. 시험을 마치고 집에 돌아오는 순간까지 돌발 상황이 생기는 일 없기를 소망합니다.

 평온한 가운데 오직 시험문제에 집중할 수 있도록 모든 시험에 필요한 환경을 평강에 평강으로 지켜주세요. 그동안 시험을 위해 기도하고 준비해 온 것들이 좋은 열매를 맺을 수 있도록 은혜로운 환경을 허락해 주시길 간구합니다. 시작부터 끝까지 온전히 주관하여 주세요. 예수 그리스도의 이름으로 기도합니다. 아멘.

자만하거나 실수하지 않도록 인도하소서

너는 범사에 그를 인정하라 그리하면 네 길을 지도하시리라 - 잠언 3:6

사랑과 은혜가 충만하신 하나님 아버지!

겸손한 마음으로 하나님 앞에 무릎 꿇고 기도합니다. 먼저 성령 하나님의 임재를 간구합니다. 이 시간 기도할 때에 제 완악하고 교만한 마음을 다루어 주세요. 수험생 기간 동안 힘써 기도하지 못한 것을 긍휼히 여겨주셔서 예수 그리스도의 보혈로 씻으시고 새롭게 해주세요.

그동안 시험을 준비하기 위해 최선을 다했으나 이것이 저의 자만이 되지 않기를 소망합니다. 인간의 힘으로 쌓아둔 지식이 나의 의가 될 수 없음을 깨닫게 해주세요. 혹시라도 자만하는 마음으로 치명적인 실수를 범하지 않도록 제 마음과 생각을 지켜주세요. 거룩한 긴장감을 가지고 이 시험을 하나님께 의지하여 치르도록 도와주세요.

아는 문제를 풀 때에 자만하는 마음으로 실수하지 않도록 저를 붙잡아 주시길 원합니다. 한 문제 한 문제를 대할 때 기도하는 마음으로 지혜를 구하며 집중하여 시험에 임하고 싶습니다.

저는 부족하고 연약하지만 하나님의 은혜로 지혜를 더하여 주시고 채워주세요. 요행을 바라고 행운을 바라는 자세를 갖지 않겠습니다. 제가 부족한 것을 스스로 깨달아 알고 앞으로의 인생에 밑거름을 삼을 수 있는 성숙한 자세를 가지게 해주세요.

제가 공부하고 열심을 내는 모든 것이 제 개인을 위한 것만이 아니라 하나님의 나라를 위한 거룩한 소원이 되길 소망합니다.

저에게 더욱 성령의 지혜를 부어주셔서 무슨 일을 하든지 주님 앞에서 하듯 겸손하며 진실할 수 있도록 도와주세요. 이 시험의 결과를 저의 노력과 실력에만 의지하지 않겠습니다. 하나님의 섭리와 은혜를 따라 의탁하오니 더욱 저와 동행하시고 인도해주세요.

제 삶을 주께 의지하며 예수 그리스도의 이름으로 기도합니다. 아멘.

정직하게 시험 보게 하소서

경기하는 자가 법대로 경기하지 아니하면 승리자의 관을 얻지 못할 것이며 - 디모데후서 2:5

거짓말을 하지 않으시고 식언치 않으시는 하나님 아버지를 찬양합니다. 시험을 앞둔 제가 하나님 앞에 더욱 정직한 마음을 구하고자 기도드립니다. 우선 이번 시험을 함께 치르는 모든 수험생들에게 정직한 영을 부어주시길 원합니다.

모두가 정직한 자세로 시험에 임할 수 있도록 도와주세요. 심지 않은 데서 거두려는 마음은 단호히 떨쳐버리길 원합니다. 타인의 실력을 몰래 빼앗고자 하는 생각으로 컨닝하지 않도록 도와주세요.

우리의 정직한 시험태도를 통하여 이 나라 정치, 경제, 사회, 문화 전반에 정직하고 성실한 은혜가 퍼져나가길 소망합니다. 우선 저의 마음을 먼저 만지시고 주장해 주셔서 제가 컨닝의 유혹에 빠지지 않도록 제 시험 환경을 보호해 주세요. 제가 타인의 답안을 훔쳐보는 일이 없게 하시고 또한 타인이 제 답을 보는 일도 없게 해주세요. 누군가의 부정행위로 인해 시험장 분위기가 어수선해지지 않도록 하나님께서 다스려주시길 원합니다.

지혜의 근원되신 하나님 아버지!

제가 모르는 문제를 만났을 때 기억력과 응용력을 발휘하여 문제를 지혜롭게 풀고 정확한 답을 선택할 수 있도록 인도해 주세요. 또한 모르는 문제 때문에 얽매여 제가 잘 풀 수 있는 문제를 소홀히 하는 일이 없도록 도와주시길 간구합니다. 문제마다 시간 배분을 잘 하여 시간이 부족한 일이 생기지 않게 해주세요.

저는 특히 △△영역 시험을 볼 때 늘 시간이 촉박합니다. 그래서 시험지를 받으면 긴장되는 순간이 많습니다. 이번 △△영역 시험 시간에 각별한 도움을 주셔서 긴장하지 않고 차분한 마음으로 시험을 치르게 해주세요.

나의 힘이 되신 예수 그리스도의 이름으로 기도합니다. 아멘.

시험을 앞두고 기도합니다

내가 여호와를 항상 내 앞에 모심이여 그가 내 우편에 계시므로 내가 요동치 아니하리로다 - 시편 16:8

사랑의 하나님 아버지!

그동안 기도하며 준비해 온 수학능력시험을 앞두고 기도드립니다. 지금까지 저를 사랑으로 인도해주신 하나님의 은혜에 감사드립니다. 되돌아보니 제 자신이 더 열심히 하지 못하고 부족했던 모습이 기억나서 아쉽습니다.

만약 시험을 준비하는 과정에서 제가 실수하고 연약했던 모습이 있다면 그리스도의 보혈로 저를 덮어주시고 용서해주세요.

오늘은 예수 그리스도의 은혜를 힘입어 보좌 앞에 당당히 나아와 간구합니다. 하나님 아버지! 저를 도와주세요. 고요하고 평안한 시험이 되게 해주세요. 이제껏 배우고 익혀온 지식들이 적절히 생각나서 시험문제를 풀 때에 잘 활용할 수 있게 하시고 새로운 문제에는 응용력을 발휘하여 현명하게 해결할 수 있도록 도와주세요.

이 시험을 통해 하나님께서 영광 받으실 것을 기대하며 감사드립니다. 저는 이 시험을 통해 더욱 성령 충만하며 더욱 지혜롭고 더욱 겸손하며 더욱 감사하는 자가 되기를 소망합니다. 이 시험뿐만 아니라 제 평생에 치르게 될 많은 시험들이 있을 텐데 그때마다 하나님 앞에 겸손하게 무릎 꿇고 간구하는 생을 살기를 소망하오니 저의 일생을 주장하여 주세요.

하나님 아버지! 부족하고 연약한 저에게 성령을 부어주셔서 이렇게 하나님께 기도드릴 수 있게 해주시는 은혜에 감사드립니다. 제 수능시험을 하나님께 감사함으로 아뢰오니 제 마음과 생각을 지켜주시고 시험 당일의 모든 환경을 주장하여 주셔서 하나님께 더욱 큰 감사와 찬송 올려드릴 수 있도록 도와주세요. 최선을 다하겠습니다. 하나님도 제 손을 붙잡아주시고 등을 두드리시며 격려해주세요. 저에게 시험을 치를 수 있는 기회를 주신 하나님께 감사드리며 예수님의 이름으로 기도드립니다. 아멘.

시험을 마치고 기도합니다

그가 아름다운 관을 내 머리에 두겠고 영화로운 면류관을 네게 주리라 하셨느니라 - 잠언 4:9

저와 동행하시는 임마누엘의 하나님!

주의 인자하심과 성실하심을 찬양합니다. 오늘을 허락해 주신 하나님의 은혜에 감사한 마음을 올려드립니다. 제가 수학능력시험을 무사히 마치게 해주셔서 감사합니다. 이제 결과를 하나님의 손에 맡겨드리며 간절히 기도합니다. 그동안 제가 공부하며 준비한 모든 것들이 좋은 결과를 얻을 수 있도록 도와주세요.

지금 이 순간 아쉬움과 감사의 마음이 교차합니다. 제 생각보다 쉬웠던 부분도 있고 어려웠던 부분도 있습니다. 그러나 무사히 시험을 마칠 수 있게 해주신 하나님께 감사드리며 이제 제가 할 일은 기도밖에 없음을 고백합니다. 부디 제가 얻을 수 있는 가장 좋은 결과를 얻게 되길 소망하오니 하나님 뜻에 합당하다면 제가 목표했던 대학교 진학에 합당한 점수를 허락해주세요.

제가 대학교에 진학하여 새로운 학문을 배우고 익힐 기회를 주실 것을 믿습니다. 그러나 그것은 주님의 은혜로만 가능한 일임을 다시 깨닫습니다. 제가 하늘나라의 확장과, 민족과 이웃, 그리고 가족을 위해 건강하고 성실하게 일하고 공부할 기회를 열어주세요. 주님의 뜻이 제 삶에 이뤄지기를 간절히 소망하오니 저를 불쌍히 여기시고 도와주시길 원합니다.

모든 것이 합력하여 선을 이루게 하시는 하나님께 이 시험의 결과를 내려놓습니다. 이 마음 받으셔서 크고 놀라운 은혜를 베풀어 주세요. 무엇보다 제가 주어진 점수에 만족하고 감사할 수 있는 건강하고 겸손한 마음을 갖기 원합니다.

시험 결과로 인하여 낙심하거나 교만하는 일 없게 해주세요. 이제 더욱 충만한 영성으로 기도와 말씀 생활에 힘쓸 수 있도록 도와주세요.

주의 인자와 진리가 제 삶에 충만히 넘쳐나길 간절히 소망하며 예수 그리스도의 이름으로 기도합니다. 아멘.